Mis amigos Craig y Amy Groeschel han escrito un libro que ofrece unos consejos consistentes para crear un matrimonio que perdure. Tanto si estás pensando en casarte por vez primera, en volverte a casar o, sencillamente, quieres fortalecer tu matrimonio, este libro te ofrece unos principios valiosos.

—ANDY STANLEY, Pastor principal, North Point Ministries

Craig y Amy Groeschel han derramado sus corazones en este libro. Esta hermosa pareja da unos consejos inspiradores sobre la manera de mantener un matrimonio firme y amoroso por medio de la fe, la diversión y el amor.

—MARK BURNETT Y ROMA DOWNEY

Todas las parejas se casan llenas de expectativas, pero hay algunas que son lo suficientemente listas para reconocerlo. ¡Este libro es un recurso que yo habría querido tener cuando me casé, pero me produce alegría compartirlo con mis amigos! Me siento muy orgulloso de Amy y Craig por su labor guiando a otros a saber amar bien desde ahora en adelante.

—CHRISTINE CAINE, fundadora de The A21 Campaign; Autora del gran éxito *Inconmovible*

La definición de lo que es la locura es que se hace lo mismo una y otra vez, aunque esperando unos resultados distintos. Si quieres un matrimonio mejor, necesitas hacer algunos cambios, partiendo de tus propias expectativas. Craig y Amy Groeschel nos dan a todos ese toque de alarma que necesitamos para salvaguardar nuestro matrimonio e impedir que se convierta en un número más en las estadísticas de los divorcios.

—DAVE RAMSEY, autor *best seller* según el *New York Times* y anfitrión de un programa nacional de radio

No conozco dos personas mejores para presentar una verdad tan práctica y poderosa acerca del matrimonio. Craig y Amy Groeschel tienen un matrimonio que encarna la unión, la pasión, el amor y el potencial que Dios quiere hacer nacer en toda pareja. Este libro es para aquellos que ya han emprendido el viaje, dándoles un aliento que procede de unas voces que se saben sinceras y portadoras de útiles consejos que todo lector puede llevar a la acción desde que lee la primera página. Consigue este libro y comienza hoy un matrimonio más fuerte y más feliz.

—LOUIE GIGLIO, Passion City Church/Passion Conferences

Bobbie y yo tenemos un amor y un respeto profundos por los esposos Craig y Amy Groeschel. No solo hemos tenido el privilegio de conocerlos personalmente, sino que también hemos podido observar a su familia y su ministerio. Hemos encontrado que sus vidas están dando fruto de piedad, están llenas de sabiduría y poseen un contagioso gozo que anima a acercarse a ellos. No tengo duda alguna de que sus principios para una vida íntima de matrimonio y compromiso mutuo van a refrescar e inspirar tu relación, y darte unas herramientas prácticas en tu búsqueda de Dios desde ahora en adelante.

—BRIAN HOUSTON, Pastor principal, Hillsong Church

Soy un gran admirador de Craig Groeschel. Su más reciente libro, *Desde ahora en adelante*, escrito en conjunto con su esposa Amy, es sincero, entretenido y optimista. Es una buena sacudida para las parejas casadas. Es un regalo para una fiesta de compromiso que hace pensar e instruye. Más que nada es una guía escrita con franqueza para ayudar a tener un matrimonio perdurable y sólido. Lee este libro y después pásalo a otra persona.

—KEN BLANCHARD, coautor de *El mánager al minuto*
y *Un líder como Jesús*

DESDE AHORA
EN ADELANTE

Otros libros de Craig Groeschel

Ego en el altar: cómo ser lo que Dios dice que eres

Chazown: una manera diferente de ver tu vida

El cristiano ateo: creer en Dios, pero vivir como si Dios no existiera

Confesiones de un pastor

Pelea: las claves para ganar las batallas que importan

Desintoxicación espiritual: vidas limpias en un mundo contaminado

Anormal: lo «normal» no está funcionando

Autor *best seller* del *New York Times*

CRAIG Y AMY GROESCHEL

DESDE AHORA EN ADELANTE

Cinco compromisos para proteger tu matrimonio

La misión de Editorial Vida es ser la compañía líder en satisfacer las necesidades de las personas con recursos cuyo contenido glorifique al Señor Jesucristo y promueva principios bíblicos.

DESDE AHORA EN ADELANTE
Edición en español publicada por
Editorial Vida – 2015
Miami, Florida

© 2015 por Craig y Amy Groeschel
Este título también está disponible en formato electrónico.

Originally published in the USA under the title:
   From This Day Forward
   Copyright © 2014 by Craig y Amy Groeschel
Published by permission of Zondervan, Grand Rapids, Michigan 49530
All rights reserved
Further reproduction or distribution is prohibited

Editora en Jefe: *Graciela Lelli*
Traducción: *Andrés Carrodeguas*
Edición: *Nahum Saez*
Adaptación del diseño al español: *produccioneditorial.com*

ISBN: 978-0-8297-6697-4

CATEGORÍA: RELIGIÓN/Vida cristiana/Amor y matrimonio

Contenido

Introducción
¿QUÉ ESPERABAS?   9

1 BUSCAR A DIOS   21

2 PELEAR LIMPIO   53

3 DIVERTIRSE   87

4 MANTENERSE PUROS   117

5 NUNCA TIRAR LA TOALLA   149

Conclusión
HASTA QUE LA MUERTE LOS SEPARE   179

Reconocimientos

¿QUÉ ESPERABAS?

Cuando eras niño, ¿te preguntaste alguna vez cómo sería tu matrimonio algún día? Si eres mujer, ¿viviste la fantasía de crecer para tener un día una boda como las de los cuentos de hadas? Si lo hiciste, estaría dispuesto a apostar que en tus sueños, tu esposo tenía todo el aspecto de una estrella de cine y un cabello impecable. Cuando comenzaron su vida de fantasía, apostaría a que él te cargó para pasar el umbral de la puerta en tu perfecta casa, un hogar encantador con hermosas persianas y un césped perfectamente cortado, rodeado por todas tus flores favoritas.

Y ese maravilloso hombre de tus sueños estaba loco de amor por ti. En su unión tuvieron el número ideal de hijos, todos preciosos, y cada uno de ellos con el nombre perfecto. (Por supuesto, entonces eras demasiado joven para prestarles atención a detalles como el aumento de peso durante el embarazo, las marcas de estiramiento en la piel y las cesáreas.) En tu hermoso sueño, los miembros de tu familia habrían podido servir de modelos para esas fotografías que vienen con los marcos cuando los compramos.

Y ahora, ¿qué tal los varones? Cuando eras adolescente, ¿cuáles eran *tus* sueños acerca de tu matrimonio?

Sigo adivinando, pero apostaría a que tu esposa sería muy parecida a las modelos que salen en bikini. También apostaría que sería rubia (o cualquiera que sea tu color de cabello favorito), si es que pensabas siquiera en detalles como ese. De hecho, también apostaría que no me podrías decir de qué color tendría los ojos la mujer de tu fantasía. En cambio, sí te puedo apostar que con toda seguridad pensabas que iban a tener relaciones sexuales dos veces al día... ¡y tres los domingos!

Ahora, permíteme preguntarte, tanto si eres hombre como si eres mujer: ¿todavía sigues soñando, o ya te has encontrado con la realidad?

¿Es tu matrimonio lo que esperabas que fuera?

UNAS EXPECTATIVAS GRANDIOSAS

Lo cierto es que todos llevamos al matrimonio toda clase de expectativas. Nos imaginamos cómo va a ser, fabricando en nuestra mente unas circunstancias ideales. Pero entonces, cuando de manera inevitable, el matrimonio no cumple con esas expectativas, muchos de nosotros sentimos el choque: decepción, desilusión, sufrimiento, ira, frustración, desespero y muchas veces llegamos al divorcio. Nos preguntamos qué fue lo que no funcionó cuando pensábamos que habíamos encontrado al compañero o la compañera perfecta. Nos preguntamos cómo podemos haber estado tan equivocados acerca de esa persona con la que pensábamos que nos queríamos pasar el resto de la vida.

Pero esta es la dura realidad acerca del matrimonio: nunca se cumplen todas las expectativas de nadie. Esas expectativas se basan en fantasías románticas, películas sentimentaloides, imágenes retocadas de unos cuerpos perfectos y unas actitudes sumisas. La dura realidad es que todos somos seres humanos imperfectos. De vez en cuando a todo el mundo se le olvida volverle a poner la tapa al tubo de dentífrico, o bajar o subir el asiento del inodoro. Lo cual nos recuerda que, en realidad, todo el mundo usa el baño.

Todo el mundo se despierta por la mañana con mal aliento. Todo el mundo tiene catarro de vez en cuando e incluso mal de vientre. Claro, no es muy bonito hablar de eso, pero tú sabes que también es cierto. Todo el mundo se enoja o dice cosas hirientes de vez en cuando. Pero lo raro es que esas cosas nunca entran a formar parte de esas fantasías que nos imaginamos para nosotros mismos, ¡aunque todas son tan ciertas acerca de tu cónyuge, como acerca de *ti mismo*!

Tal vez te hayan herido en alguna relación del pasado. O quizá hayas visto pasar por un divorcio a tus padres o a tus hijos adultos. Tal vez incluso ahora mismo tengas una relación que sabes que está sobreviviendo a base de vida artificial. Debido a tus propias experiencias, no puedes menos que preguntarte: «¿Es incluso *posible* tener un buen matrimonio... y ni pensar siquiera en uno *magnífico*?».

Llámame loco, pero creo con todo el corazón que sí, es posible tener un matrimonio magnífico. No solo una relación saludable, sino una que también esté llena de amor, que florezca, y en la cual cada uno de ustedes pueda ayudar al otro a alcanzar la plenitud de su potencial. Entonces no es de sorprenderse que no sea fácil tener esta clase de matrimonio. Hay que trabajarlo, exige unas formas específicas de hacerlo. Lo cierto es que no tienes probabilidades de tener siquiera un matrimonio mediocre, si te limitas a hacer las mismas cosas que todos los demás están haciendo.

Es fácil ver por qué esto es cierto. Es fácil encontrar unas estadísticas horripilantes, que lo dejan a uno paralizado... en las revistas, en la Internet e incluso en la vida de nuestros amigos y parientes. Alrededor del cincuenta por ciento de los matrimonios no perduran. Y si ustedes son jóvenes, digamos, de menos de veinticinco años de edad, cuando comienzan su vida de casados, ¿sabes una cosa? Tus probabilidades son peores aún. Y no importa que ganen mucho dinero, o tengan muchos estudios, o tengan una procedencia étnica determinada; ni siquiera si son cristianos o no. Estadísticamente, es una cuestión de cara o cruz para casi todo el mundo.

Incluso, entre el cincuenta por ciento o más que *se mantienen* casados, sabemos que gran cantidad de ellos son miserables. No tienen ninguna intimidad real. Se sienten insatisfechos en su vida y en sus sueños. Hay una gran cantidad de parejas que «permanecen juntos por proteger a sus hijos», o porque tienen miedo de estar solos y ser padres solteros. Al parecer, cada vez es más frecuente en la generación inmediatamente anterior a la mía el divorciarse tarde en la vida, una vez que su último hijo se ha independizado del hogar.

Comoquiera que lo mires, si decides casarte, tienes un gran número de probabilidades en tu contra. Así que tómate un momento para pensar esto conmigo: ¿en cuáles otros aspectos significativos de tu vida estás dispuesto a conformarte con unas probabilidades de cincuenta y cincuenta?

Digamos que dan la noticia de que el cincuenta por ciento de las personas que comen tu clase favorita de cereal en el desayuno desarrollan cáncer. Imaginémonos que los investigadores han demostrado incluso que es el cereal el que lo causa. ¿Seguirías comiendo esa misma clase de cereal? ¡Claro que no! Probarías algo diferente.

¿Y si recibieras una información digna de confianza, procedente de una fuente bien informada, según la cual están a punto de revelarse noticias de tipo económico tales, que está garantizado que van a causar un pánico generalizado? En efecto, si dejas en el mercado todas tus inversiones y en el banco todos tus ahorros, tan pronto como salga ese informe, hay un cincuenta por ciento de probabilidades de que lo vas a perder todo. ¿Qué harías? ¡Te pondrías frenético! Comenzarías a hacer preguntas. Te pondrías en acción tan pronto como pudieras. «¿Qué puedo hacer? ¿Hay algún lugar seguro donde puedo poner mi dinero?». No te limitarías a esperar para ver qué sucede.

¿Qué tal si descubrieras que en el aire hay un virus que está invadiendo todo el planeta, infectando a los gatos con un problema cerebral que hace que se vuelvan locos y se coman a sus dueños? Si hubiera por lo menos el cincuenta por ciento de probabilidades de que tu gato quedara infectado por ese virus, la próxima vez que notes que Fluffy te está mirando fijo desde la soleada repisa de su ventana favorita, tomarías el poste más cercano de los que usa él para afilarse las uñas para defenderte y empezar a planear la huida.

Lo que te quiero decir es que cuando las posibilidades están en un cincuenta y cincuenta en cierto aspecto de tu vida que es importante, cambias de conducta. No te limitas a seguir haciendo lo mismo que los demás. Los resultados son evidentes; te rodean por todas partes. Tú ya sabes cómo van a evolucionar. En ese caso, ¿por qué arriesgarte con tu matrimonio? ¿No querrías hallar una manera mejor de hacer las cosas y mejorar las probabilidades a tu favor?

Donde yo vivo, antes de recibir la licencia para conducir un auto, hay que asistir a unas clases y aprobar un examen escrito. E incluso después de todo eso, *todavía* hay que aprobar el examen práctico para conducir. Una vez aprobado el examen, uno tiene que ir a esperar al Departamento de Vehículos y Motores para pagar la tarifa y recibir su licencia.

En cambio, si te quieres casar, todo lo que tienes que hacer es presentar un cheque de cincuenta dólares para que te den una licencia de matrimonio. No hay clases, no hay examen escrito, no hay consejería con las parejas, no hay seminarios para la resolución de conflictos y no te hace falta demostrar que tienes la más ligera idea de qué es en lo que te estás metiendo. Es absurdo que puedas entrar en un compromiso que se supone que deba durar toda la vida, sin ninguna preparación en absoluto.

Lo cierto es que en nuestra cultura actual, la mayor parte de las parejas se pasan meses y meses planificando y preparando su boda. Discuten incansablemente hasta llegar a acuerdos sobre unos detalles insignificantes, como el color que deben tener las invitaciones, de qué tipo serán, la clase de arreglos florales que se van a poner, la clase de ropa que se van a llevar y los platos que se van a servir en la recepción. Se pasan horas y horas de tiempo y esfuerzo, y se gastan miles de dólares. Sin embargo, estas dos mismas personas tan minuciosas no invierten absolutamente nada en la preparación de su *relación dentro del matrimonio*. Una boda que tenga éxito podrá durar tal vez una hora (sin contar la recepción). ¿Afirmas que quieres que tu matrimonio dure hasta que la muerte los separe y no se merece por lo menos la misma previsión y la misma atención a los detalles?

Si todavía no te has casado, te tengo una magnífica noticia. Aún estás a tiempo para tener un buen comienzo. Puedes aprender a hacer las cosas de una manera diferente a la de este mundo; diferente a más del cincuenta por ciento de las parejas que te rodean. Estás de suerte. No es demasiado tarde para aprender a hacer las cosas a la manera de Dios. Te puedes preparar para algunas de las situaciones más difíciles antes que estas lleguen al umbral de tu puerta. Te puedes unir con esa otra persona en una vida que honre a Dios y los honre a ambos mutuamente. Pueden edificar juntos algo que no sea solo un acuerdo legal; que no se limite a unas firmas en un pedazo de papel, sino que sea un pacto espiritual ante un Dios santo; una vida de adoración. Si le dan el primer lugar a Dios, él les concederá con toda seguridad la clase de matrimonio que quiere que ustedes tengan. Le deleita hacerlo.

Si ya estás casado, también tengo una noticia magnífica para ti. Si no comenzaste con el pie derecho, aún no es demasiado tarde. O incluso si comenzaste bien, pero en algún lugar del camino perdiste el paso que llevabas, sigue habiendo esperanza. ¿Has visto alguna vez esos vídeos de antes y después en los que aparecen personas que han perdido una gran cantidad de peso después de haberse dedicado a algún programa de ejercicios? ¿Cómo les sucedió eso?

Dejaron de hacer las cosas que estaban haciendo antes y comenzaron a hacer algo distinto.

Cambiaron su helado por unas zapatillas para correr y sus rosquillas por unas pesas. Dejaron de comer porque sí y comenzaron a comer para estar saludables. Dejaron de recorrer los canales de la televisión sentados en el sofá de la casa y comenzaron unas clases de Zumba en el gimnasio. Si estás cansado de resignarte a un matrimonio mediocre o a una relación escabrosa, también puedes empezar a hacer las cosas así.

Los planes de Dios para tu matrimonio todavía te ofrecen una esperanza y un nuevo comienzo. Todo lo que hace falta es dejar de hacer lo que has estado haciendo: esas mismas cosas que todos los demás hacen; esas cosas que llevan al cincuenta por ciento de los matrimonios al fracaso; y comenzar a vivir lo mejor que Dios tiene para tu matrimonio.

DESDE AHORA EN ADELANTE

Mi esposa Amy y yo no tenemos un matrimonio perfecto; está muy lejos de serlo. Pero nos amamos más ahora que cuando hicimos los votos matrimoniales, hace ya más de veintitrés años (y seis hijos). Descubrimos que la clave del éxito en el matrimonio es algo que tú has oído antes. Sin embargo, tal vez no hayas pensado en lo que significa. La clave para un matrimonio gozoso, que dé vida, comienza cuando llegas a comprender por completo estas sencillas palabras: «Yo [y aquí pon tu nombre] te tomo a ti [aquí va el nombre de tu pareja] para tenerte y protegerte *desde ahora en adelante*».

Esas cuatro pequeñas palabras están repletas de esperanza, desbordantes de promesa: «Desde ahora en adelante».

Lo que sucedió en el pasado de ustedes ya no importa. ¿Hicieron mal las cosas mientras eran novios? Ya no importa. ¿Les ha costado trabajo comunicarse? No hay problema. ¿Has dicho cosas que nunca habrías querido decir? Ya pasó. ¿Han hecho cosas que lamentan haber hecho? *Está bien*. Las misericordias de Dios; sus manifestaciones de compasión, nunca fallan. Son nuevas cada mañana. Y él es siempre fiel (Lamentaciones 3.22–23).

Tracen una línea divisoria hoy mismo. Su nueva vida amorosa para siempre, la nueva aventura de amor entre los dos, el matrimonio más maravilloso que se puedan imaginar, comienza ahora. Hoy. Desde ahora en adelante. Ahora mismo, en este momento, puedes comprometerte a que todo lo que suceda a partir de este instante va a representar tu sagrado compromiso con tu cónyuge ante un Dios santo.

«Desde ahora en adelante».

Hay una gran cantidad de personas que parecen ignorar el hecho de que, si se han decidido a seguir a Cristo, lo mismo si fue antes de ponerle el anillo en el dedo a ese ser tan especial, como si fue después de haberlo hecho, es un compromiso que se hace ante Dios. Nos es fácil excusar nuestra propia conducta, nuestros errores y malos hábitos, cuando comparamos nuestras limitaciones con las de nuestra pareja. Pero para todos aquellos que nos llamamos cristianos, esa no es en realidad la norma, ¿no es cierto?

Decimos: «Te tomo para bien y para mal, en la riqueza y en la pobreza, en salud y en enfermedad, y apartándome de todos los demás, te prometo serte fiel hasta que la muerte nos separe, *y le pido a Dios que me ayude*».

Me parece que el problema que tenemos muchos es que esa última parte la decimos con cierta monotonía en la voz, como si fuera algún tipo de promesa que memorizamos en la escuela, o como si nos fueran a interrogar en el tribunal por un problema de tráfico: «Le pido a Dios que me ayude».

En lugar de hacer las cosas así, necesitamos pensar en esas palabras como en una petición dirigida al único que nos puede salvar: «¡He decidido hacer todas estas cosas y soy realmente, *realmente*, sincero! Así que *por favor*, Dios mío, ¡ayúdame!».

Cuando meditamos en estas palabras de esa manera, estamos permitiendo que Dios ocupe el lugar que por derecho le pertenece en nuestras relaciones. Reconocemos nuestras debilidades, admitiendo que sabemos que nos es imposible cumplir con nuestros compromisos, a menos que tomemos la decisión de honrarlo a él en el centro mismo de nuestro matrimonio (2 Corintios 12.9). Nuestro compromiso mutuo refleja el pacto santo que hemos hecho ante él.

Y nuestros compromisos se basan en decisiones. Las decisiones que tomes día tras día son las que determinan, no solo tu relación con Dios, sino la calidad de tu matrimonio. Las decisiones que tomes hoy determinarán la clase de matrimonio que vas a tener mañana. En este libro, Amy y yo queremos compartir contigo cinco decisiones que van a impedir que tu matrimonio fracase. Si tomas estas decisiones, podrás tener, y tendrás, el matrimonio que Dios quiere que experimentes.

Así que, lo que te voy a pedir que hagas ahora; en realidad, a lo que te *desafío* es que te decidas a tener esas cinco cosas en tu matrimonio:

1. Buscar a Dios.
2. Pelear limpio.
3. Divertirse.
4. Mantenerse puros.
5. Nunca tirar la toalla.

Si tú y tu pareja (o futuro cónyuge) toman en serio la decisión de hacer estas cinco cosas, te aseguro que van a descubrir una vida amorosa más rica, más profunda, más auténtica, más apasionada que la fantasía más maravillosa que te pudiste haber imaginado cuando eras adolescente.

No te conviertas en una estadística. No seas uno más del montón. Haz de tu matrimonio lo que siempre has querido que sea.

A partir de ahora mismo; desde ahora en adelante.

BUSCAR A DIOS

«Dios, el mejor de los casamenteros, combina sus
corazones para convertirlos en uno solo».
—Guillermo Shakespeare, Enrique V

En nuestra cultura, todo el mundo ha oído hablar del «uno».

Las comedias románticas, las relaciones entre las celebridades «exitosas», los portales de la web donde se pueden enamorar las personas, e incluso la mayoría de nuestros amigos, repiten constantemente el mismo mensaje: «Todo lo que tienes que hacer para sentirte siempre realizado es encontrar al "uno". Cuando lo hayas encontrado, todo será arco iris, corazones, flores y cantos de amor desde ese momento en adelante».

Así que, hasta los cristianos, nos pasamos una gran cantidad de tiempo antes de casarnos, en la búsqueda de esa alma gemela perfecta. Hasta reforzamos nuestra búsqueda con las Escrituras. Seguramente estarás familiarizado con ese texto bíblico que anima a «buscar para encontrar». Ya sabes, Mateo 7.7-8, en el cual Jesús dice: «Pidan, y se les dará; busquen, y encontrarán; llamen, y se les abrirá. Porque todo el que pide, recibe; el que busca, encuentra; y al que llama, se le abre».

Hasta es posible que te lo hayas aprendido de memoria. Si eres un seguidor de Cristo aún soltero y buscas a esa persona tan especial, es posible que llegues a orar con ese texto, y con una sinceridad genuina, diciendo: «Señor Jesús, tú dijiste que yo podía pedir lo que quisiera y me sería dado. Dijiste que si busco, voy a encontrar, y que si pido, voy a recibir. Así que esto es lo que te estoy pidiendo, Señor: te ruego que me envíes esa persona que me va a completar. Tú lo *prometiste*, ¡así que ahora lo tienes que hacer! Y además, gracias. Amén».

Es decir, todo el mundo sabe que no se puede ser realmente feliz en esta vida mientras no se haya encontrado a ese «uno», ¿cierto? Si eres cristiano y todavía no te has casado, es probable que ya hayas estado buscando a esa persona única de la cual estás seguro que va a poder satisfacer tus necesidades. Es tu futura pareja; solo que aún no lo sabe. Y si estás casado, todo lo que quieres es que la pareja que ya tienes se ponga a la altura de una vez por todas y satisfaga todas esas necesidades que esperabas que satisficiera. (Al fin y al cabo, ¿por qué se empecina tanto? ¿Por qué no hace simplemente lo que tú quieres, para que por fin puedas ser feliz?)

Ya conoces la historia: niño conoce niña. Niño ve que niña es bonita. Niño nota que cabello de niña huele bien. Cabeza de niño estalla. «¡Esa misma es!».

Por supuesto, las niñas son mucho más complicadas. Ella comienza de inmediato un masivo intercambio de mensajes de texto con sus amigas después de esa primera cita mágica: «¡Ah, qué especial! ¡Tan dulce! ¡Tiene unos ojos asombrosos, se nota que va al gimnasio a hacer ejercicios!». ¿Y qué es lo que *siempre* dicen? «¡Hablamos, hablamos y hablamos durante horas! ¡Me sentía como si pudiera seguir hablando sin parar por siempre!».

(Damitas, disfruten de eso mientras dure.) «Él es mi complemento. ¡Estoy segura de que es él, el único!».

Si ya estás casado, tal vez hayas dicho en tu oración ese mismo texto bíblico, solo que ligeramente modificado: «Jesús mío, me dijiste que te podía pedir todo lo que quisiera y que, si lo pedía, lo recibiría. Yo pensaba sinceramente que esta que me enviaste era esa persona única. Ya no estoy tan seguro. Pero te pido una cosa: por favor, cambia a mi pareja para que se convierta en la persona que sé que *podría* ser; alguien que pueda ser mi complemento. Espero que me hayas estado escuchando. Amén».

Por lo general, aun cuando pienses que has encontrado a ese «uno», no hace falta que pase mucho tiempo antes que te comiences a preguntar si realmente lo es. Al principio las cosas parecían ir bastante bien, pero entonces comenzaron a salirse de control. A la larga, encontrar ese ser especial parece tan imposible como cribar el océano en busca de oro. ¿Por qué será? ¿Por qué ese uno nunca parece ser realmente el que andábamos buscando?

Estoy convencido de que hay una razón muy sencilla. Aunque sea cierto que *sí* necesitas hallar a ese «uno» para estar verdaderamente completo, otra *persona* nunca podrá ser «ese uno».

Me encantaría escuchar, por lo menos una vez, que me digan: «¡Acabo de conocer a alguien maravilloso y piadoso! Nos divertimos mucho cuando estamos juntos. Entre nosotros existe un asombroso lazo espiritual. ¿Sabes una cosa? ¡Me parece que es posible que acabe de hallar a mi "dos"»! ¿Por qué? Porque para sentirte verdaderamente realizado en la vida, es cierto que necesitas tener un encuentro con el Uno. Aquí es donde está el truco: Dios es tu Uno. Tu cónyuge es tu dos.

TU ÚNICO E INIGUALABLE

Es necesario que comprendas esto. Creo sinceramente que es uno de los principios fundamentales más importantes que necesitas para sostener una relación significativa y duradera: Dios es tu Uno.

Pero no me creas a mí. Veamos lo que dijo Jesús. En Mateo 22.36, un fariseo (experto en la ley hebrea) le dijo a Jesús: «¿Cuál es el mandamiento más importante de la ley?». Jesús no le respondió: «La respuesta es muy fácil: ama a tu pareja con todo tu corazón y con toda tu alma». No. ¿Qué fue lo que *dijo*? «Ama al Señor tu Dios con todo tu corazón, con todo tu ser y con toda tu mente... El segundo [en importancia] se parece a éste: "Ama a tu prójimo como a ti mismo"» (Mateo 22.37, 39).

Básicamente, lo que Jesús le estaba diciendo es esto: «Dios es tu Uno. Haz que lo sea realmente».

Dios es tu Uno. Tu cónyuge es tu dos.

A lo largo de todo este libro, me estaré dirigiendo tanto a los solteros como a los casados (y Amy contribuirá a estos temas al final de este mismo capítulo). Por ahora, vamos a comenzar por los que no están casados, aunque quieran estarlo un día. (¿Por qué? Porque todos los casados que ya están entrados en años dicen siempre: «Me habría gustado saber eso *antes* de casarme».)

Por lo general, cuando me dirijo a los solteros que hay en mi iglesia, les pido que levanten la mano. Entonces los hago mirar a su alrededor, para que vean si hay alguien entre las otras personas con la mano levantada a la que puedan considerar como una posibilidad. Realmente, tengo la esperanza de que un día —digamos, dentro de diecinueve o veinte años—, comience a anunciar las graduaciones de los chicos de mi iglesia cuyo nombre sea Craig, porque ayudé a sus padres a conocerse.

Si aún no estás casado, pero esperas estarlo un día, me agradaría que te comprometieras a hacer esto. Te sugiero incluso que lo escribas y hasta lo pegues en el espejo de tu baño, o en tu auto; en algún lugar donde lo puedas ver todos los días: «Voy a buscar al Uno mientras me preparo para mi dos».

Si no estás casado y sigues a Cristo, entonces, por encima de todas las demás cosas, es necesario que honres a Dios. Lo debes amar, buscar, conocer, tratar de complacerlo y vivir por su Espíritu. Necesitas estructurar tu vida de tal forma que todo lo que haga le dé gloria a él. No busques pareja. En vez de eso, busca el reino de Dios y su justicia. Cuando eso sea lo primero que hagas, según lo que dice Mateo 6.33, Dios te dará todo lo demás que necesitas.

El reto es que una gran cantidad de solteros que se consideran a sí mismos como cristianos dentro de nuestra cultura actual creen que pueden ir dejando «ese asunto de Dios» hasta que sean mayores. Se imaginan que van a tener mucho de tiempo para centrarse en eso más adelante y se convencen de que, en realidad, esas cosas no tienen gran importancia cuando son jóvenes.

Es frecuente que los jóvenes piensen: «Me voy a casar un día, entonces voy a tener mi familia y la voy a meter en las cosas de la iglesia. Pero por ahora, en realidad, todo lo que quiero es divertirme un poco. Voy a andar recorriendo unos cuantos clubes y tratando de conocer una gran cantidad de personas distintas. Claro, es posible que vaya saltando de una persona a otra por ahora, y tal vez hasta haya quienes consideren que mi vida es superficial, o «poco piadosa», o lo que quieran... pero siempre podré resolver más tarde mis asuntos espirituales». Esta actitud como estilo de vida se ha vuelto muy común, y es increíblemente peligrosa, porque impide que encuentres la clase de persona con la cual te quieres casar en realidad.

ALGUIEN COMO TÚ

Andy Stanley es pastor de una iglesia realmente excelente y nos une una estrecha amistad. En una ocasión lo oí relatar una historia que me parece que ilustra esto mucho mejor de lo que yo podría hacerlo jamás. Aquí tienes mi versión de su historia:

Había una joven que era una cristiana muy consagrada. Cuando se marchó a vivir a la universidad, hizo lo que hacen una gran cantidad de estudiantes universitarios. Al principio, cedió un poco ante algunas presiones por parte de sus compañeros. Comenzó a ir a fiestas y a mezclarse con la demás gente. Lo que empezó como un poco de bebida ocasional, se fue convirtiendo en algo cada vez peor. Al cabo de un tiempo, probó algunas drogas. Por supuesto, conoció a muchos varones, lo cual también se fue convirtiendo en andar con uno, luego otro y después otro más. Entonces, sin siquiera darse cuenta de lo que le estaba sucediendo, se fue deslizando gradualmente hacia un estilo de vida lleno de pecados sumamente destructores.

Incluso mientras le estaba pasando todo eso, en algún lugar escondido de su mente, pensaba: Todavía creo en Dios. Aún me gustaría tener un día un matrimonio piadoso. Algún día, regresaré y haré aquello que sé que es lo correcto. *Sin embargo, mientras tanto, seguía llevando su mismo estilo de vida destructivo.*

Como cosa del destino, un día una amiga le presentó a un joven frente a la unión de los estudiantes. Era todo lo que ella había esperado siempre en un posible esposo: un hombre piadoso y un líder increíble. ¡Hasta discipulaba a otros jóvenes! Ya estaba usando sus dones para tratar de marcar una diferencia en el mundo, y estaba comenzando una carrera que parecía muy prometedora. A ella le pareció que se habían caído bien mutuamente, así que cada vez que tenía oportunidad, hablaba con él.

Después de unas pocas semanas, fue a su casa un fin de semana, y le dijo a su madre: «Estoy muy emocionada. Conocí a un joven en la universidad. Es todo lo que siempre he deseado. Es piadoso, bondadoso y sabio. ¡Es perfecto! Es exactamente la clase de hombre con el que siempre he querido casarme. Mamá, me parece que podría ser el «uno» para mí. Estoy pensando en hablarle sobre la forma en que me siento».

La madre de la joven frunció un poco el ceño. De la manera más amorosa que pudo, le dijo: «Cariño, si ese muchacho es todo lo que tú dices que es, me parece que necesitas ser sincera contigo misma: lo más probable es que un joven como ese no esté buscando una joven como tú».

¿Sabes qué es probablemente lo peor de una historia como esta? ¡Que sabes que es cierta! Aquí tienes un principio muy sencillo que puedes dar por seguro. Quieras lo que *quieras*, lo cierto es que los iguales se atraen entre sí. Si alimentas la esperanza de llegar a tener un matrimonio piadoso algún día, necesitas comenzar a llevar una vida piadosa desde hoy mismo.

Conviértete en la clase de persona con la cual te querrías casar.

Si la clase de persona que quieres es alguien que ya ha tenido relaciones sexuales con dieciocho personas distintas, entonces adelante, busca la manera de convertirte tú en esa persona. Solo recuerda una cosa: si haces las mismas cosas que hacen todos los demás, tus posibilidades de tener un matrimonio que dure serán más o menos las mismas que las de todos los demás: cincuenta y cincuenta. Tu posibilidad de tener un matrimonio significativo va a ser mucho menor. Si quieres algo diferente a lo que tienen los demás, entonces vas a tener que hacer algo distinto a lo que todos los demás hacen.

Si quieres una pareja que esté comprometida con Cristo, entonces necesitas consagrarte tú mismo a Cristo. Si quieres alguien que busque a Dios todos los días y en todos los aspectos de su vida, necesitas comenzar a buscar a Dios diariamente. Si eres soltero y quieres casarte algún día, conviértete en la clase de persona con la cual te querrías casar.

Buscaré al Uno mientras me preparo para el dos.

LAS MATEMÁTICAS DEL MATRIMONIO

Ahora bien, si ya estás casado, necesitas buscar un compromiso diferente: siempre voy a buscar al Uno junto con mi dos.

¿Por qué es esto tan importante? Porque nuestro matrimonio nunca será lo que Dios quiere que sea, a menos que lo hagamos a él nuestro número Uno, y hagamos a nuestra pareja nuestro número dos. Por desdicha, abundan entre nosotros los que tienen esos principios cambiados. Hay quienes tratan de convertir a su pareja en el Uno. «He hecho de ti mi todo. Ahora todo te toca a ti: ¡hazme feliz!».

Conozco pocas personas casadas que saben realmente convertir a Dios en su Uno, pero entonces, ponen a alguien que no es su pareja en el lugar número dos. Hay quienes hacen de sus hijos su número dos. Otros hacen de su profesión su número dos. Sin embargo, la única combinación que funciona en el matrimonio es hacer de Dios el Uno y de nuestra pareja el dos.

Cuando uno trata de convertir a su pareja (su novio o novia) en el número Uno, le está poniendo encima unas presiones que no le corresponden. De hecho, existe una palabra para definir el hecho de elevar a otro ser humano a esa elevada posición: idolatría. Lo cierto es que no hay persona alguna que sea capaz jamás de satisfacer todas nuestras necesidades. Mark Driscoll, en su libro *Who Do You Think You Are?* [¿Quién te crees que eres?] escribe: «Nuestros ídolos siempre nos fallan, y terminamos demonizando a las personas que idolatramos» (pp. 192-193). Cuando convertimos a alguien en nuestro ídolo, y después nos queda mal —lo cual es inevitable, dicho sea de paso, porque todos los seres humanos cometemos errores y todos los seres humanos pecamos—, entonces terminamos demonizándolo. «¿Cómo es posible que me hayas hecho esto a mí? ¿Por qué no te limitas a satisfacer mis necesidades de la forma en que necesito que las satisfagas? ¿Por qué eres tan mezquino y egoísta?».

Todos hemos visto eso. Cuando se juntan por vez primera, tu amigo te dice: «Lo que me encanta de ella es que es muy organizada. Es tan... tan... resuelta. Y *me encanta* que sea tan apasionada para todas las cosas». Entonces, después que llevan un tiempo de casados, el tiempo y la experiencia le dan una perspectiva ligeramente distinta. «¡Es una controladora! Las cosas siempre tienen que ser a su manera. Nada que yo haga es suficientemente bueno para ella. Ese agobio constante me vuelve loco». Primero convertimos en ídolo a nuestra pareja; después la demonizamos.

Por supuesto, las mujeres experimentan lo mismo. Ella les dicen a sus amigas: «¿Sabes lo mejor que él tiene? Que siempre mantiene la serenidad. ¿Sabes cómo suelo ponerme tan tensa? Bueno, su calma es, digamos que el complemento perfecto a mi personalidad. Estar cerca de él me serena, ¿sabes? Me consuela». Pero una vez que ha tenido algún tiempo para poderse asentar, esas mismas cosas que le parecían encantadoras en él la comienzan a carcomer por dentro. «¡Es el ser más inerte que he visto jamás! Nunca puedo lograr que salga conmigo. Nunca quiere hacer nada. Y se niega a ser el líder de la familia. Estoy muy segura de que estaría sumamente feliz si yo lo dejara quedarse sentado en su sillón para dedicarse a los videojuegos todo el día, todos los días». Cuando comenzamos por idolatrar a una persona, es inevitable: terminamos proclamándola villana en algún punto.

Por eso, cuando te hayas casado, necesitas ajustar el motivo de tu resolución: siempre voy a buscar al Uno con mi dos.

HÁBITOS CLAVE

Pero, ¿qué puede significar eso de buscar al Uno, «buscar a Dios»? ¿De qué maneras prácticas lo podemos buscar, aprender acerca de él y llegar a conocerlo personalmente? Cuando comencé a poner mis ideas en orden para enseñar esto en nuestra iglesia, terminé con una lista que estaba convencido que era estupenda. Era genuina. Incluía un montón de cosas que hago junto con mi esposa Amy para asegurarnos de mantener a Dios como nuestro Uno. Y la mayoría de las que tenía en la lista no eran solo prácticas; ¡eran hasta realmente espirituales! He aquí solo un ejemplo de las cosas que reuní en una lista de formas en que creo que las parejas deben buscar a Dios unidas:

- Leer juntos la Palabra de Dios.
- Acostumbrarse a adorarle en una iglesia y también en el hogar.
- Comprometerse con amigos que sigan a Cristo para formar un grupo pequeño que se reúna con regularidad.
- Pedirles a sus amigos que les pidan cuentas sobre la forma en que están creciendo espiritualmente juntos.
- Usar sus dones para servir juntos en la iglesia.
- Trabajar juntos para marcar una diferencia en su comunidad.
- Guiar a sus hijos hacia los valores eternos.
- Desarrollar juntos y con sus hijos tradiciones familiares espirituales.

Como puedes ver, era una lista magnífica. (Y solo te he dicho parte de ella; tenía muchas más.) Sin embargo, cuando estaba orando acerca de mis ideas, sentí que Dios me estaba mostrando que si le pedía a la gente que hiciera ocho cosas, diez o doce, lo más probable era que en realidad la mayoría no hiciera *ninguna*. Por desdicha, esa es la realidad que tiene que vivir un pastor; o sinceramente, cualquier tipo de líder.

Por tanto, decidí que en vez de presentar esa lista, todo lo que necesitaba era hablar de una sola cosa. Si lo que quieres es tener una relación genuina con Dios, la disciplina espiritual más importante de todas es buscarle.

Esto parece algo bastante vago, así que conozco gente que lo puede interpretar de todas las maneras habidas y por haber. Permíteme que te explique lo que estoy diciendo. Hace poco leí un libro llamado *El poder de los hábitos*, escrito por Charles Duhigg. (Sí, así es: los pastores leemos otros libros además de la Biblia.) En su libro, Duhigg habla acerca de algo que llama *hábitos clave*. Los que, una vez que comenzamos con ellos, crean un impulso hacia delante que nos lleva a otros hábitos buenos. Lamentablemente, esos mismos hábitos clave, si *no* los tienes, pueden crear un impulso negativo que te lleve hacia unos hábitos negativos. Ya a estas horas, he tenido la oportunidad de enseñar acerca de este tema en reuniones de líderes y conferencias, de manera que he destilado este principio, convirtiéndolo en un sencillo consejo: «No dejes de usar hilo dental para tus dientes».

LIMPIO Y HALLADO

Ya sé lo que estás pensando y no, tu dentista no me llamó para pedirme que te lo dijera. En realidad, es mucho más sencillo. Tienes que descubrir cuál es tu hábito clave: esa cosa que, si la dejas de hacer, es el catalizador que hace que te comiences a deslizar hacia otros malos hábitos. Para mí, esa limpieza es la primera disciplina que desaparece. Si me dejo de limpiar los dientes, es inevitable: voy a dejar de hacer ejercicios por aquí y por allá. Y cuando dejo de hacer ejercicios unas cuantas veces, también es inevitable que voy a comenzar a comer algo que no es saludable.

Limpiarme los dientes con el hilo dental, hacer ejercicios y cuidarme en lo que como son todas en realidad buenas disciplinas que he ido llevando a la práctica con el tiempo. Y, por alguna razón que desconozco, todas parecen estar edificadas una sobre otra, como los bloques de una pirámide. Si dejo que se desmorone uno de esos hábitos, estoy iniciando una reacción en cadena. Los demás comienzan a caer como dominós, uno tras otro.

En cambio, cuando uso el hilo dental, no evado mis sesiones de ejercicios. Y cuando hago ejercicios regularmente, cada vez que veo algo de comer que me tienta, pienso: *Me voy a tener que negar a comer esto ahora mismo. He invertido demasiado esfuerzo en mis ejercicios para venir a sabotearlos ahora con esta comida chatarra. Sencillamente, no vale la pena desperdiciar todo ese esfuerzo.*

Cuando me limpio los dientes con el hilo dental, hago ejercicios. Cuando hago ejercicios, me siento mejor. Cuando hago ejercicios y como bien, eso me hace dormir mejor. Cuando duermo mejor, aunque suelo despertarme temprano, me siento renovado. Cuando me despierto temprano y me siento bien, me mantengo más centrado y soy más productivo durante el día. Cuando siento que estoy haciendo todo lo que Dios me ha llamado a hacer, eso me hace sentir feliz y realizado. Entonces, cuando vuelvo a casa al final del día, no tengo la sensación de haber dejado nada sin hacer, de manera que mi trabajo no me sigue dando vueltas por la cabeza.

Cuando el trabajo no me anda dando vueltas por la cabeza, estoy libre para dedicarles mi atención a Amy y a nuestros hijos. Y como ya mencioné, tenemos seis hijos, de manera que tengo que mantenerme realmente presente para asegurarme de que hay suficiente papá para andar por la casa. Cuando las niñas reciben de mí la suficiente charla, abrazos, sonrisas y apoyo, y cuando los niños reciben suficientes batallas cuerpo a cuerpo, cosquillas y frotes en el cabello con los nudillos, todos se sienten felices. Y cuando soy un buen padre para nuestros hijos, eso hace que Amy se sienta realmente bien conmigo... y bueno, ¡digamos que usar el hilo dental todos los días es algo que realmente vale la pena!

En cambio, si no me limpio con el hilo dental, es inevitable que evada la sesión de ejercicios. Cuando no hago una sesión de ejercicios, siempre hay panecillos dulces, rosquillas o alguna otra cosa en la oficina, y me digo: «Bueno, hoy no hice ejercicios, así que ya salí de mi rutina. Solo me voy a tomar este día para hacer trampa». Y así es como me acabo toda la caja. Más tarde, como no hice ejercicios, y mi energía sigue estando errática a causa de la gran cantidad de azúcar que consumí, cuando me voy a la cama, me siento inquieto y no duermo bien.

Al día siguiente, cuando voy a trabajar, alguien me dice: «Tienes ojeras. Y... ¿estás aumentando de peso?». Así que me decepciono conmigo mismo y mi desilusión evoluciona con rapidez para convertirse en ira. Echo humo mientras regreso a casa, así que voy conduciendo a exceso de velocidad. Cuando un policía trata de hacer que me detenga, aprieto el acelerador. Hay toda una caza con helicópteros que sale por la televisión, así que entonces, todo el mundo en la ciudad se entera de lo que ha sucedido. Por supuesto, la policía me atrapa y me lleva preso por huir y por resistirme a un arresto. Y ahora estoy escribiendo esto desde mi celda en la cárcel. ¿Y por qué?

¡Todo porque dejé de limpiarme los dientes con hilo dental! Nunca... dejes... de usar el hilo dental.

HAZ UNA PEQUEÑA ORACIÓN

Por supuesto que estoy exagerando (un poco), pero es para demostrar una idea importante. Algunos hábitos crean un impulso hacia delante en nuestra vida. Esos mismos hábitos, si no los conservamos con diligencia, crean un impulso negativo. Pero creo que hay un hábito clave que, si puedes mantenerlo constantemente, te va a ayudar siempre a buscar a Dios. Mejor aún, ¡es sencillo! Si solo haces esto todos los días, te puedo garantizar que te va a cambiar la vida: busquen juntos a Dios en oración.

Si eres una mujer cristiana casada y estás leyendo esto, me imagino que probablemente te haya hecho saltar de alegría al leerlo. «¡Hurra! Sí. ¡Ahora él tiene que orar conmigo!». En cambio, si eres un esposo y estás leyendo esto, y aún no has estado orando con tu esposa, tal vez estés gimiendo por dentro. «No me molesta orar; solo que no me gusta orar con *otra gente*. Ni siquiera con ella. Nunca sé qué decir. Y entonces todo se vuelve... raro».

Te aseguro que voy a hablar de todo eso en un minuto. Primero, les quiero hablar de nuevo a aquellos que no están casados, pero lo quieren estar algún día. Si no has orado junto con nadie antes, te lo tengo que advertir: orar juntos es algo extremadamente íntimo. Cuando unes tus manos con las de otra persona, en especial alguien hacia quien sientes atracción, y le piden juntos a Dios que haga algo a favor de ustedes, ni siquiera puedo describir lo familiar, cercana y afectivamente vinculante que puede resultar esa experiencia. Y si tienes alguien con quien estás comprometido, alguien con quien tienes sentimientos serios, con quien estás pensando sinceramente casarte, aunque me parece importante que oren juntos, pienso que tiene la misma importancia el que primero fijen ciertas salvaguardas y ciertos límites.

Lo que te voy a decir ahora no está en la Biblia; solo es un consejo sano. No oren juntos cuando estén solos en escenarios íntimos donde pueden pasar «cosas». (Y tú sabes a qué llamo «cosas».) En vez de hacerlo allí, oren en ambientes en los cuales le puedan rendir cuentas a alguien, como cuando tienen presentes a otros amigos. O bien, oren juntos por teléfono. U oren juntos en un parque, en algún lugar abierto. Oren juntos en un restaurante, donde haya una gran mesa que los separe. No oren juntos en un sofá estando solos. Y, a como dé lugar, por el amor de Dios, manténganse verticales. Nunca oren juntos en una cama. ¡No traten de orar horizontalmente! Si lo hacen, están *buscando* problemas e impureza, y lo *saben*. Hagan caso a lo que les digo. Mantengan las oraciones que hagan juntos tan puras e impecables como quieran que sea su matrimonio. Ahora bien, si están casados, por supuesto, que es correcto que oren juntos en la cama. (Es más, se lo recomiendo.) Es bueno para su matrimonio. Cuando comparten juntos una conexión con Dios, eso va a hacer de manera natural que quieran compartir juntos otras cosas también.

¿Por qué es tan importante orar juntos? Bueno, 2 Crónicas 7.14 dice: «Si mi pueblo, que lleva mi nombre, se humilla y ora, y me busca y abandona su mala conducta, yo lo escucharé desde el cielo, perdonaré su pecado y restauraré su tierra». En especial si ya se están enfrentando a retos en su matrimonio, esto es muy importante. Si están dispuestos a humillarse, orar y buscar el rostro de Dios, creo con toda sinceridad que él los oirá desde el cielo y sanará su matrimonio.

COMIENZA DONDE ESTÁS

Cada vez que doy alguna enseñanza acerca de la oración, o incluso cuando todo lo que estoy haciendo es hablar con alguien acerca de ella de una manera informal, una y otra vez oigo la misma cosa:

«¡Es que no sé qué hacer!».

«Nunca sé qué decir».

«Es que se siente tan raro, tan poco natural».

¡Te entiendo! Pero ¿sabes algo? Todas esas cosas son ciertas con respecto a todo lo que nunca antes has hecho. Lanzar una pelota de béisbol. Conducir un auto. Comenzar en un trabajo nuevo.

Tengo cuatro hijas y recuerdo que pasé trabajo, cuando eran pequeñas, para peinarlas y hacerles unas colas de caballo perfectas. Tal parecía que cada vez que lo intentaba, salían torcidas, o no estaban demasiado apretadas, o un montón de cabellos rebeldes lograba escaparse en el último minuto. Hasta este día, me quedo asombrado cuando veo a una de ellas tomar en los labios una liga para mantener las colas de caballo en su lugar, levantarse el cabello con las dos manos, cepillarlo hacia atrás dos o tres veces, y entonces, con la otra mano, *con una sola mano*, formar una cola de caballo impecable. ¡Todas las veces!

Comenzar es la parte más difícil.

Sinceramente, no sé cómo logran salir adelante en esta vida las parejas que no conocen a Cristo. No veo la manera de que dos personas puedan lograrlo sin buscar a Dios.

Creo con todo el corazón que nuestra incapacidad para orar juntos es una trampa que nos pone Satanás, nuestro enemigo. Nada le agradaría más que el hecho de que ninguno de nosotros buscara a Dios; no solo, y ciertamente, tampoco sin nuestro dos. ¿Qué mejor manera podría haber para robarnos nuestro matrimonio, matar nuestro amor mutuo y, mientras lo logra, destruir nuestras familias?

Busca un momento y comienza. Por ejemplo, la próxima vez que se sienten a comer, di: «Oye, antes de comer, creo que me gustaría orar». Dale gracias a Dios por los alimentos y pídele que te ayude a conocerlo mejor. «¡Amén!». ¡Entra y sal! O antes que tú y tu pareja salgan cada cual por su camino en la mañana, haz algo que me sugirió Amy. Tómala de la mano y di: «Dios mío, bendice a mi cónyuge hoy. Te ruego que nos acerques más a ti y uno al otro». No importa por dónde comiences. Todo lo que importa es *que comiences.*

Puesto que hay quienes se quedan atascados y se sienten extraños durante una oración, tal vez deberías hacer una lista con unas cuantas cosas sobre las cuales le quieres hablar a Dios. Mantén esa lista contigo. Entre las cosas que podrían entrar en ellas estarían tus hijos (presentes o futuros), las decisiones que necesitas tomar, tus finanzas u otras personas por las que quieras orar (enfermos, con problemas familiares, en situaciones difíciles en su trabajo; lo que sea). Cuando tengas unos minutos, en espera de que llegue el ferrocarril metropolitano, o esperando a que salgan tus hijos para llevarlos con otros a sus casas, o algo semejante, saca tu lista y habla con Dios acerca de dos o tres de las cosas que pusiste en ella. Dile qué es lo que te está molestando con respecto a cada cosa, y pregúntale si hay algo que puedas hacer al respecto. Pídele que intervenga de alguna manera.

Si piensas en algo por lo que te agradaría que alguna otra persona orara a favor tuyo, te doy una idea: *pídeselo.* No lo tienes que presentar como una cosa rara, ni ponerle presión a esa persona. Solo pídele que te envíe un mensaje de texto con una breve oración, o te mande un mensaje electrónico con la oración cuando tenga unos minutos. Así de sencillo. (Por supuesto, si estás casado, esa persona debería ser tu pareja.)

Si estás casado, cuando tengan algún momento juntos —después que sus hijos ya estén todos en cama, y antes de irse ustedes a dormir por la noche, o antes que sus hijos se levanten, mientras se preparan por la mañana—, saca tu lista y oren juntos por algunas de las cosas que mencionas en ella. Mantener una lista puede ser una seria ayuda a fin de que superes esos extraños silencios que conspiran para estrangular tu nuevo hábito de oración.

Con un poco de práctica, en un tiempo muy breve podrás tener dominio sobre las oraciones que animan. No te puedo decir cuántas veces he recibido sin esperarlo un texto de Amy que decía algo así: «¡Oro para que Dios te dé paz hoy! ¡Te amo!». Te asombrará cuánta intimidad espiritual pueden crear en una pareja esas cosas pequeñas. Es más, a causa de ello, estoy convencido de que el hecho de que una pareja ore unida es un hábito clave.

Sigue aquí mi lógica: cuando tienen el hábito de orar juntos, es probable que se dediquen a servir juntos en la iglesia. Cuando sirvan juntos, van a conocer a más personas de la iglesia que piensen igual que ustedes. Cuando conozcan más gente en la iglesia, lo más probable es que comiencen a pasar momentos junto con ellos también fuera de la iglesia. Eso significa que es probable que ustedes terminen orando por ellos y ellos por ustedes.

Y cuando ustedes estén orando por otras personas, y otras personas orando por ustedes, la próxima vez que otro auto se te ponga delante en el tránsito, es mucho más probable que te rías y no le des importancia. (Tal vez incluso... ¡los *perdones* y ores *por ellos*!) Lo que te quiero decir es que una vez que comiencen a desarrollar el positivo hábito clave de orar juntos, eso va a crear un impulso espiritual también positivo que va a producir unos inmensos dividendos en cuanto a edificar su matrimonio y otras relaciones.

DESDE ESTA ORACIÓN EN ADELANTE

Ya te he dado toda clase de razones por las que necesitas hacer esto. Otro beneficio más es que cuando ambos buscan juntos a Dios, y especialmente una vez que ven cómo responde esas oraciones, eso edifica la fe de ustedes. Pero aunque ni siquiera todas estas cosas «espirituales» te hayan convencido, ¿qué te parecen unas cuantas razones prácticas?

Es realmente difícil pelear con alguien con quien tienes la costumbre de orar. Te resulta imposible soltar todo un drama como: «¡Eres un inútil! ¡No te soporto! ¡Tú solo piensas en ti mismo!», cuando unas pocas horas antes, estaban orando juntos por un amigo cuyo hijo tiene cáncer. Cuando buscan una intimidad espiritual constante, es mucho menos probable que se pongan a ver ese anuncio pornográfico de la Internet, o que comiencen una «aventura emocional» respondiendo al flirteo de un compañero de trabajo. Las cosas cambian. *Tú* también cambias. Comienzas a conocer realmente a Dios y lo que él significa. Comienzas a servirle con tu vida. Y cuando salten esas trampas con las que quedan atrapados tantos otros matrimonios (oh, digamos, el cincuenta por ciento más o menos), ustedes las detectan de inmediato y las eliminan enseguida.

Por último, he aquí otra más: imagínate lo difícil que debe ser divorciarte de alguien con quien estás buscando genuinamente a Dios. ¿Qué posibilidades hay de que la dirección que Dios te dé sea: «Sí, ustedes se deben separar»? No parece probable.

Si todo esto es demasiado para ti, supongo que te comprendo. Puedes correr tus riesgos. Las posibilidades se encuentran al menos cincuenta por ciento en tu contra. E incluso, si logras seguir adelante, lo más probable es que vayan a «seguir juntos por los hijos», y el resto de su vida les sea muy difícil. Si esa es la vida que quieres, por supuesto que la decisión es tuya. Que tengas poder para lograrlo.

¿A mí? No me gustan esas probabilidades. Prefiero volverme locamente espiritual. Prefiero que la gente piense que mi familia es ridícula y extraña. Pueden pensar lo que quieran. Y mientras tanto, disfrutaremos juntos de un matrimonio y una vida familiar profundos, ricos y apasionados. Amy y yo estamos de acuerdo en eso. Es sincero nuestro anhelo de clamar juntos a nuestro Uno: «¡Ayúdanos, Dios mío! ¡Por favor, ayúdanos! Queremos que te involucres en nuestra vida diaria. Vamos a estar viniendo juntos a conversar contigo... todos los días y todo el día».

Hace algunos años, una organización llamada Family Life realizó una encuesta con miles de parejas cristianas. Por desdicha, se descubrió que menos del ocho por ciento de las parejas cristianas decían que tenían la costumbre de orar. Por fortuna, su estudio también arrojó algo positivo: de ese ocho por ciento que ora, menos del uno por ciento llega al divorcio.

De manera que he aquí lo que esto significa para ustedes: adelante; sean como todos los demás si quieren. Hagan lo que todo el mundo hace. No oren juntos. Y sus probabilidades de perseverar en matrimonio estarán alrededor del cincuenta por ciento. O sean diferentes. Pertenezcan a ese ocho por ciento. Tomen la costumbre de orar juntos. Y aumenten así sus probabilidades de superar al otro noventa y nueve por ciento.

Ustedes deciden.

Mateo 6.33 nos dice: «Busquen primeramente el reino de Dios y su justicia, y todas estas cosas les serán añadidas».

Primero debemos buscar a Dios. «¡Ayúdanos, Dios mío!». Tal vez no lo hayan estado haciendo. Por tanto, lo pueden comenzar a hacer «desde este día en adelante».

Eso significa que debemos ser gente de oración. Tal vez sientas que no sabes cómo orar. Eso no importa. Comienza a hacerlo «desde este día en adelante».

Necesitamos centrar todas nuestras relaciones en Dios, buscándolo por medio de la oración y de su Palabra. Tal vez ustedes no se hayan estado llevando bien. Es posible que tampoco se caigan muy bien el uno al otro ahora. Lo más difícil siempre es comenzar. Dejen de lado sus excusas. Comiencen a acudir ante Dios «desde este día en adelante».

Así que te reto ahora mismo a que ores. Ora tú solo y ora con tu cónyuge. Ora en voz alta si te sientes bien cuando lo haces. Las palabras de la siguiente oración modelo no tienen nada de mágicas, pero me pareció que te ayudarían a comenzar. Añade tus propias palabras también donde necesites hacerlo. Pero ora.

Padre, gracias porque me amas. Gracias porque me escogiste para que fuera hijo tuyo. Ayúdame a amarte con todo mi corazón, con toda mi alma, con todas mis fuerzas y con toda mi mente. Te ruego que me muestres cómo convertirte en mi Uno. Te voy a buscar a ti primero. Por favor, ayúdame a comenzar y a mantener el hábito de buscarte. Te suplico que me recuerdes que necesito acudir a ti una y otra vez todos los días.

Padre, gracias por mi dos. Te ruego que nos acerques a ambos más a ti y más el uno al otro. Por favor, cambia mi corazón y mi mente. Hazme la persona que tú quieres que sea. Hazme el mejor dos que puede existir para mi dos. Cada vez que note la «paja» en el ojo de mi dos, te ruego que me ayudes a ver enseguida la «viga» que tengo en mi propio ojo. Te suplico que me des humildad para orar, para buscar tu rostro y para apartarme de mis pecados. Por favor, escúchame, perdóname y sana mis relaciones.

Gracias por amarme. Gracias por sanarme. Y gracias por darme el poder necesario para vivir de una manera que te glorifique. En el nombre de Jesús, amén.

Ya sabes lo que necesitas hacer después. El comienzo es la parte más difícil. Así que deja atrás esa parte más difícil: comienza. Y después sigan adelante ambos juntos, todos los días, desde ahora en adelante.

EL PUNTO DE VISTA DE AMY

Cuando yo (Craig) estoy enseñando en nuestra iglesia acerca de las relaciones, considero importante hacer siempre que Amy participe, y preguntarle cuáles son sus pensamientos y sentimientos. Quiero que cuanto consejo sobre las relaciones yo ofrezca, incluya el punto de vista femenino. Cuando estaba preparando este libro, le pedí a Amy que me hablara de lo que ella siente que es importante que sepan las parejas acerca de cada una de las cinco decisiones: buscar a Dios, pelear limpio, divertirse, mantenerse puros y nunca tirar la toalla. He aquí lo que ella me dijo acerca de orar juntos.

◇

¿Conoces ese viejo dicho: «En la variedad está el gusto»? Bien, pues eso es tan cierto con respecto a la oración, como lo es con todas las demás cosas. Aunque es importante que las parejas tengan la costumbre de orar juntas, la tentación a la que se van a enfrentar es que esa costumbre se puede volver una rutina; un deber más que cumplir todos los días. Cuando Craig y yo éramos novios, e incluso después de casarnos, usábamos los momentos de las comidas como oportunidades normales para orar. No orábamos solo por nuestros alimentos, sino por cualquier otra cosa de la cual necesitábamos hablarle a Dios. ¡Era frecuente que aquellas oraciones duraran diez minutos o más! La comida se nos enfriaba, pero nos ardía el corazón.

Cuando cambió nuestro estilo de vida con el tiempo, porque Craig comenzó en el seminario, empezaron a llegar los hijos, fundamos la iglesia y demás, por supuesto, nuestra vida se volvió mucho más agitada. Las oraciones largas en cada comida se volvieron poco prácticas. Así que nos adaptamos y buscamos otros momentos. Nos dábamos cuenta de que lo importante para nosotros era que estuviéramos siempre pendientes de apoyarnos en la dirección de Dios con respecto a todo lo que pasara en nuestras vidas.

Ahora Craig y yo oramos juntos casi todos los días y de diversas formas. Por fortuna, este enfoque mantiene frescas y auténticas nuestras oraciones, sin que nunca sean lo que la Biblia llama «vanas repeticiones». Cada vez que surge algo que necesitamos enfrentar juntos en oración, tratamos que eso suceda tan cerca de ese momento como nos sea posible.

Con la tecnología, tenemos toda clase de maneras de hacerlo que ni siquiera existían antes. Él está ocupado en la iglesia durante el día y yo con nuestra familia y otros compromisos. Pero sé que siempre le puedo enviar un texto o un mensaje electrónico: «Por favor, puedes orar conmigo por [el motivo]?». Él siempre ora de inmediato, o me llama cuando tiene unos pocos minutos y oramos juntos por teléfono.

Por supuesto, eso funciona en ambos sentidos; Craig me pide todo el tiempo que ore por cosas específicas que necesita: dirección ante una decisión de importancia, favor antes de una gran reunión, o si se está comenzando a sentirse agotado, enfermo o algo. El hecho de mantener esa conexión constante no solo alimenta nuestra relación y nuestro amor mutuo, sino que también mantiene nuestras vidas centradas en la confianza en Dios que ambos tenemos, y en nuestro amor por él.

¿Sabes qué es lo más difícil en cuanto a aprender a orar juntos? Comenzar. ¡En serio! Es necesario que se decidan a apoyarse en su relación con Dios; sencillamente, comiencen a hablarle como a Padre. Díganle lo que están sintiendo, lo que necesitan y lo que quieren. Exprésenle su gratitud por las cosas que ya ha hecho, y entrenen su mente para confiar en él y para amarlo continuamente. La mayoría de nosotros hacemos de la oración algo mucho más complicado de lo que es. Dios nunca tuvo la intención de que la oración nos intimidara. Él nos ama tanto que nos adoptó como hijos suyos por decisión propia. Todo lo que estamos haciendo es entrar en conversación con un Padre que ya nos ama, para hablar con él sobre todas las cosas que nos preocupan.

Que tu oración sea sencilla. Que aquello que digas sea natural y sincero. Se pueden tomar de las manos en el momento en que salen por la puerta para ir a trabajar, y decir en voz alta algo como esto: «Padre, gracias por este nuevo día que nos has dado. Te rogamos que nos guíes este día a todas las oportunidades en las que quieras que participemos». Y eso es todo. No pienses que necesitas hacer una oración muy rebuscada, llenándola de expresiones arcaicas, o incluso de amenes y aleluyas.

Ahora bien, si quieren orar juntos con respecto a algo concreto, les sugiero que organicen sus pensamientos escribiéndolos. Cuando compartas estas peticiones de oración escritas con tu pareja, esto es algo que puede profundizar realmente la relación entre ambos.

Orar juntos es un poco distinto para mí que uno de los hábitos que ya ha mencionado Craig, como el de limpiarte los dientes con hilo dental, porque es posible que esto sea algo que tú hagas una vez al día. Para Craig y para mí, la oración se parece más a la respiración. Es constante, y brota brevemente cada vez que nos llega la inspiración o la necesidad.

Y orar juntos debería ser igual. En toda necesidad que tenga que ver con Craig, yo lo involucro a él de manera automática. Con solo unos pocos minutos (o incluso segundos) esparcidos a lo largo del día, compartimos una línea abierta de comunicación entre nosotros dos y con Dios.

Claro que *puedes* orar. No conviertas la oración en algo más difícil de lo que es, y no la sigas posponiendo. ¿Qué podrías perder si comenzaras hoy mismo? Y más importante aún: piensa en todo lo que tienes por ganar.

PELEAR LIMPIO

Un matrimonio feliz es la unión de dos
personas que saben perdonar.
—Ruth Bell Graham

Cuando Amy y yo estábamos recién casados, chocamos en uno de los aspectos más fundamentales y sagrados de toda relación piadosa: los panqueques del desayuno. Sí, leíste bien. Panqueques. Esa escaramuza inicial se convirtió en la primera de numerosas batallas épicas en la guerra entre voluntades más extensa que se registra en los libros sobre la historia matrimonial de los Groeschel. Sin embargo, cuando te explique lo que sucedió, creo que vas a entender por qué no se trataba solamente de una guerra de panqueques cualquiera.

La triste realidad es que mi bella esposa, aunque perfecta en casi todos los demás sentidos, y sin tener culpa alguna, fue criada en un hogar con panqueques disfuncionales (HPD).

Sencillamente, por parte de su familia nunca aprendieron a hacer panqueques. Si te criaron en buenas circunstancias unos padres bendecidos con el don espiritual de hacer ricos panqueques para el desayuno, me comprenderás. Haces una mezcla relativamente fina, le aumentas la temperatura a la plancha de cocinar y le echas un poco de mantequilla para que se derrita. Luego viertes masa para cuatro porciones, cada una de ellas de unos diez centímetros de diámetro, todas del mismo tamaño y tan parecidas a un círculo perfecto como te sea posible.

Por supuesto, como esperaste hasta que la plancha alcanzara la temperatura debida, enseguida los panqueques se llenan de burbujas. Solo necesitas esperar unos segundos y, cuando te lo indique el Espíritu, les das vuelta con toda rapidez, precisamente en el momento exacto. Después de unos segundos más, tomas el plato que ha estado esperando y haces en él una pila con los panqueques perfectamente formados y dorados. De inmediato, pones mantequilla (con uniformidad, claro) entre los panqueques y encima del que quede arriba, mientras todavía estén echando humo y demasiado calientes para tocarlos. Luego los sumerges en jarabe de arce la marca Log Cabin. (Si quieres ver cómo *se supone* que deben verse los panqueques, te va a ser fácil encontrar sus fotos en la Internet. Pero como siempre, por favor, asegúrate de hacer una «búsqueda segura» y no entrar accidentalmente en portales web sospechosos.) Por último, devóralos mientras aún estén calientes, disfrutando por un instante del sabor de las cosas que se servirán cada mañana en el cielo. Estos son los panqueques, como Dios quiso que se hicieran.

Una mañana, poco después de casarnos, Amy —Dios la bendiga—, hizo una especie de pegajoso menjunje de harina integral, puso la plancha en la temperatura mínima y enseguida echó en ella unas cuantas masas amorfas parecidas a las amebas. Sin mantequilla, sin chisporroteo y sin burbujas. No estoy seguro en cuanto a cómo decidió que ya era hora de darles vuelta a sus «panqueques» (como llamó erróneamente a aquellas masas), pero en mi humilde opinión, todavía se veían demasiado pastosos.

Cuando los puso en el plato, les echó encima una especie de líquido aguado que me dijo que era «saludable» y trató de ponérmelos delante. Ahora bien, bajo circunstancias ordinarias, estoy a favor de las opciones saludables, pero los panqueques del desayuno no califican para que se diga que son una circunstancia «ordinaria». ¡O se hacen bien, o no se hacen!

Cuando Amy regresó a su tibia plancha de cocinar para poner un poco más, aparté el plato. Ella se dio vuelta de repente para mirarme, alzó una ceja y frunció el ceño.

—¿Qué? —me preguntó.

—Que no los estás haciendo bien —le informé.

Pareció un poco sorprendida.

—Hum... sí. Sí, los estoy haciendo bien.

—¡No, no se hacen así! —insistí.

El color de su rostro me comunicó con claridad su frustración, pero solo para asegurarse de que yo captara el mensaje, por eso añadió:

—Sí... así los hago.

Me le acerqué y extendí la mano para tomar su espátula.

—A ver, déjame enseñarte cómo se hacen.

Encogió el cuerpo mientras giraba un hombro hacia mí como un jugador de fútbol americano y apartaba rápidamente la espátula de mi alcance.

—¡No! ¡No me muevo!

—Amy, escucha —le dije—. Esto es importante para mí. —Y di un paso adelante.

Ella levantó el hombro y me golpeó con él en el pecho, haciendo que retrocediera, y me espetó:

—¡No! ¡Esto es importante *para mí*!

Ahora bien, por supuesto que me he vuelto mucho más piadoso desde entonces, pero en aquellos tiempos, dije algo que no era muy santo, y me le volví a acercar. Esta vez, ella se me enfrentó con la espátula como si fuera un arma, lanzándome su mortal masa de panqueques mientras gritaba:

—¡Sal de mi cocina!

Claro, como yo era tan adulto, y genial además, le respondí a gritos:

—¡No; sal tú de *mi casa*!

Y así fue como comenzamos a aprender la manera de pelear limpio.

EL ARREGLO DE LA GOTERA

Ahora bien, ¿cómo es posible que algo tan insignificante cause una pelea tan poco inteligente? Sin embargo, eso mismo es lo que nos sucede a todos en nuestras relaciones siempre. Te apuesto lo que quieras a que hace poco peleaste por algo más bien absurdo. Y si no has peleado acerca de nada tonto en un tiempo, no dejes que eso te lo impida. ¡Es probable que todavía tengas tiempo de hacerlo esta noche, antes de irte a la cama!

Las Escrituras dicen con toda claridad que en las parejas siempre se producen desavenencias. Proverbios 27.15 dice: «Gotera constante en un día lluvioso es la mujer que siempre pelea». La «mujer que siempre pelea» es la que discute por todo, es combativa, contenciosa, demasiado sensible, tiene mal genio o siempre está enfadada. Es posible que lo experimentes bajo la forma de atosigamiento, manipulación o crítica. Sus quejas constantes son como *una gotera continua* que te va cayendo sobre el alma: *una gota, y otra, y otra, y otra, y otra...*

Tal vez no sepas que hay otro versículo que se cita con mucha menos frecuencia, acerca de los esposos peleones. Dice: «Es mejor sufrir de una alergia continua, que vivir con un esposo idiota» (2 Craig 4.2, Nueva Edición Revisada para Damas). Si nunca has oído ese versículo antes, es porque en realidad no está en la Biblia. Me lo inventé. ¡Pero debería estar allí! Ciertamente, son muchos los versículos que hablan de los esposos.

He aquí la realidad: todas las parejas pelean. ¿Por qué? Bien, la respuesta corta consiste en decir que como todos somos pecadores, nuestra pecaminosidad nos lleva a hacer cosas egoístas. Es inevitable, insoslayable e inherente a toda relación en la cual se produzca una verdadera intimidad. Todas las parejas pelean, pero las parejas sanas pelean limpio. En cambio, las parejas poco saludables pelean sucio, con golpes bajos, puñetazos inesperados, airadas acusaciones y amargas quejas. Las parejas saludables pelean en busca de una solución. Las que no son saludables pelean para obtener una victoria personal.

El doctor John Gottman, especialista e investigador en el tema de los matrimonios, publicó un fascinante estudio acerca de la forma en que pelean las parejas, obtenido de los datos que había estado recopilando durante dieciséis años. Gottman afirma que él puede observar a una pareja en medio de una pelea solo cinco minutos y determinar, con una precisión del noventa y uno por ciento, si va a seguir casada o se va a divorciar. Su investigación presenta un persuasivo argumento según el cual el éxito en una relación no depende de que *se pelee o no* (porque todas las parejas sí pelean), sino de *la forma* en que se pelee. Las parejas sanas pelean manteniendo el respeto mutuo, ambos tratan de hallar una solución en la cual puedan estar de acuerdo.

Si te has comprometido a seguir a Cristo, es necesario que pelees limpio en todas tus relaciones. Santiago dice: «Todos deben estar listos para escuchar, y ser lentos para hablar y para enojarse; pues la ira humana no produce la vida justa que Dios quiere» (1.19–20). Esta inspiración procedente del Espíritu de Dios nos presenta tres sencillas sugerencias sobre la forma en que podemos pelear limpio, no sucio.

1. LISTOS PARA ESCUCHAR

Cuando se está iniciando una pelea, tendemos a dejar que las cosas se salgan de control con rapidez. No es fácil, pero toma la iniciativa: haz tu esfuerzo por tratar de calmar las cosas. Cuando te sientas con ganas de discutir acerca de algo que acaba de decir tu pareja, y es algo que te va a pasar, en lugar de pelear, trabaja de manera que estés siempre «listo para escuchar».

Tan pronto como te des cuenta de que tu pareja se siente incómoda, debes centrarte como con un rayo láser en lo que te está diciendo en realidad. Si puedes, no hagas caso del tono (y el volumen) en que lo diga, y trata de escuchar solamente sus palabras.

Sinceramente, esto es todo un reto para mí. Yo tiendo a tratar de mantener un montón de platos girando al mismo tiempo. Así que me es difícil concentrarme en una sola cosa a la vez. Un día, le estaba enviando un mensaje de texto a un pastor de nuestro personal, cuando entró Amy y me dijo: «Necesito hablar contigo de algo importante».

Yo pensé: *Craig, necesitas dejar el teléfono móvil y escucharla.* Pero el tipo arrogante que llevo dentro le espetó de inmediato: *Hombre, eso es absurdo. ¡Tú sabes que yo no puedo hacer dos cosas al mismo tiempo!*

Lamentablemente, como a mí me hace falta que las cosas sucedan varias veces para aprender de mis errores, aunque Amy comenzó a darme algunos detalles de cosas importantes que era verdad que yo necesitaba saber, seguí escribiendo el mensaje de texto.

Después de unos minutos, ella hizo una pausa. Entonces me preguntó:

—Cariño, ¿me estás escuchando por lo menos?

Sin levantar la vista, le respondí:

—¡Ajá! Seguro.

Ella siguió hablando un poco y después se volvió a detener.

—¿*De veras* que me estás escuchando?

Yo, todavía escribiendo el texto:

—Sí. Ya te dije que te estaba escuchando, mi amor.

Ella siguió hablando un rato. Entonces, dijo finalmente:

—Ahora necesito que me lo comentes. Es evidente que aquí tenemos unas cuantas decisiones que debemos tomar.

Por fin terminé de escribir el texto y levanté la mirada.

—Muy bien, sí. Ahora, ¿acerca de qué estás hablando exactamente? ¿En qué aspectos necesitas que yo tome decisiones?

Entonces le hice otra pregunta, que no habría tenido necesidad de hacer si la hubiera estado escuchando de verdad.

Ella me miró furiosa.

—*Tienes* que estar bromeando. ¿En serio? Solo estabas escuchando a medias. Durante todo este tiempo no me has estado prestando atención. ¡Tú no me valoras!

Y tenía razón. A pesar de mis verdaderos sentimientos hacia Amy, mis acciones demostraban con claridad en qué lugar estaba yo poniendo mis prioridades en aquellos momentos. Por fortuna para mí, Dios es bueno, así que pocos minutos después me dio una forma de salir de mi apuro. Volví donde Amy para *hablarle* de algo, y esta vez era *ella* la que estaba enviando un mensaje de texto. Le pregunté si podíamos hablar un minuto y, sin levantar la mirada, me dijo:

—¡Ajá!

Le comencé a decir lo que necesitaba decirle, pero me daba cuenta de que en realidad, ella «no estaba allí». Entonces le pregunté:

—¿Me estás escuchando?

—¡Ajá!

Esperé unos segundos, me di cuenta de que estaba envuelta en lo que estaba haciendo. Así que le dije:

—Así, como te estaba diciendo, cuando salí de la casa para ver cómo estaban los niños, un gato gigante comedor de hombres con pulgares opuestos salió del bosque atropellándolo todo a su paso. Nosotros salimos todos corriendo, pero Joy no corría lo suficientemente rápido, así que la alcanzó. Lo siento, cariño. Esta vez la culpa fue mía.

—Ah, está bien —me dijo, sin levantar la vista.

Yo le dije:

—¡Solo me has estado escuchando *a medias*! No me has estado prestando atención.

Ella detuvo lo que estaba haciendo y levantó la vista hacia mí.

—¡Lo sé! ¡Y lo siento! —Entonces volvió a bajar la vista hacia el teléfono móvil, torció los labios en una malvada sonrisita y dijo—: ¡Miauuuuuu!

Necesitamos estar siempre listos para escuchar. Aquí hay que hablar mucho de la sencillez. Por supuesto, que debes escuchar a tu pareja todo el tiempo, pero sobre todo cuando sientes que podría surgir un conflicto. Esa debería ser la indicación de que debes detener lo que estés haciendo para concentrarte y prestarle una cuidadosa atención a lo que está diciendo la otra persona.

2. LENTOS PARA HABLAR

Aunque debemos estar siempre listos para escuchar, antes de abrir la boca para responder también necesitamos frenar. Con demasiada frecuencia, las parejas que pelean sucio hacen exactamente lo contrario. Son lentos para escuchar y están siempre listos para responder lo que les venga a la mente. Tal vez hayas oído un viejo refrán que dice: «Cuando trabajas con la boca, tus oídos dejan de funcionar». En Proverbios 18.2 se nos dice algo parecido: «Al necio no le complace el discernimiento; tan sólo hace alarde de su propia opinión». En otras palabras, el necio dice: «Mira, en realidad no me importa lo que *tú* estés diciendo, pero permíteme decirte lo que *yo* estoy pensando».

Esto nos sucede a muchos durante las discusiones. Tenemos algún pensamiento importante, alguna posición que creemos crucial que entienda la otra persona. Y, por lo general, tan pronto como nos volvemos a enfocar en nosotros mismos, dejamos de escuchar; solo nos quedamos esperando a que se detengan para respirar, con la idea de poder interrumpir. Si dejamos de escuchar a la otra persona, no podremos comprender su posición. Queremos que se nos oiga a nosotros; llegar a expresar lo que pensamos. Queremos «ganar». Las Escrituras dicen que eso es una necedad. Además, no es pelear limpio.

¿Cuál es la mejor manera de ser «lentos para hablar»? Sencillamente, dejar de hablar. O como lo expresa Proverbios 21.23. «El que refrena su boca y su lengua se libra de muchas angustias». ¿Verdad que es un versículo estupendo? Bueno, tal vez no sea para citárselo a tu pareja en medio de una pelea. Aunque parezca obvio que debemos tomar las cosas con más calma y pensar antes de hablar, esta es una de las cosas más difíciles de hacer. Y sin embargo, puede producir unos resultados extraordinarios.

Si sientes que es inminente que se produzca una pelea, antes de decir *nada*, contrólate y cierra la boca. Después, hazte estas dos preguntas:

1. ¿Debería decir lo que estoy pensando?
2. ¿Debería decir *ahora mismo* lo que estoy pensando?

Digamos que estás a punto de tomar la puerta para salir camino del aeropuerto y tu pareja te dice: «¡Ah! Quiero enjuagar los platos antes que nos vayamos».

Bien, eso podría hacer que pensaras: «¿Por qué quieres ponerte a lavar los platos ahora? ¡Eso va a hacer que lleguemos tarde al aeropuerto!».

Piensa más bien: *¿Debería decir lo que estoy pensando?*

Tal vez no sea algo que valga la pena decir. ¿Están *realmente* cortos de tiempo? Si los dos se juntan y enjuagan con rapidez los platos, ¿es realista pensar que aún llegarán a tiempo a donde van? Si puedes, piensa solamente en la cantidad de buena voluntad por parte de tu pareja que podrías estar ganando. Pero si no, pregúntate: «¿Debería decir *ahora mismo* lo que estoy pensando?».

Entonces piensa detenidamente de qué forma le puedes comunicar amorosamente lo que le quieres decir. Porque una vez que hayas dicho esas palabras, nunca las podrás recoger. Evita la tentación de decir algo como esto: «¿Por qué quieres lavar los platos ahora? ¿Para que si entra un ladrón mientras estamos fuera, no los encuentre sucios?».

Y por supuesto, nunca digas algo como esto: «¿Acaso eres algún tipo de psicópata?».

(No es que yo vaya a decir jamás algo así. Con una posible excepción. Pero aprendí mi lección, así que nunca lo volveré a hacer.)

Aunque lo que estés pensando sea legítimo; que sean cosas que necesitan tratar para poderlas resolver juntos, decididamente, cuando se está en medio de una pelea no es el momento de hacerlo. En lugar de decirlo, mantente centrado en lo que tienen ambos delante de sí. Sigue peleando limpio y sin salirte del tema, y busca la solución únicamente para ese tema.

3. LENTOS PARA ENOJARNOS

Como es obvio, cuando estamos listos para escuchar y somos lentos para hablar, se nos hace más fácil dominar nuestra ira. Las emociones se hallan involucradas desde el momento en que comienza una pelea. Es fácil herir tus sentimientos. Pero si te comienzas a sentir enojado, trata de ver lo que te está sucediendo como una gran oportunidad.

Tal vez estés pensando: *¿Qué fue lo que dijo?*

Esto es lo que quiero decir. Esas emociones te están indicando con exactitud dónde se halla el punto álgido. Si te puedes dominar lo suficiente como para preguntarte: «¿Por qué parece molestarme *tanto* esta cosa?», eso es algo grandioso. Es como una gran flecha de luz neón que apunta a un lugar débil dentro de la relación; un aspecto en el cual necesitas que el Espíritu Santo se involucre. Si lo puedes ver como el don que es, podrás comenzar a buscar la solución. Y a largo plazo, esto le puede dar una gran sanidad a tu matrimonio.

Aunque no estés de acuerdo con la otra persona, sigue siendo posible que les des valor a sus sentimientos. Digamos que tu pareja te dice algo como: «A veces, cuando tú [llénalo con lo que haces], eso me hace sentir [de una manera determinada]».

Tal vez ni siquiera entiendas *por qué* lo que hiciste la hace sentir a ella de esa manera, pero eso no hace que sus sentimientos sean menos válidos. Sus sentimientos son reales. Todos los tenemos. No hay motivo para enojarse con alguien porque tenga sentimientos. Ni esa persona, ni tú tampoco, pueden evitarlo. Así que, en vez de enojarte, si de veras estás escuchando, —lo cual, recuerda, es lo que se supone que debas estar haciendo—, dedica un momento a validar lo que te acaba de decir que está sintiendo. Repítele lo que dijo, para darle a saber que la escuchaste, y que reconoces sus sentimientos. Inténtalo diciendo algo así: «Lo que te oigo decir es que cuando yo [hago esto], eso te hace sentirte [de esa manera]».

Te sorprenderá cómo una afirmación tan sencilla puede impedir el estallido de una bomba de tiempo emocional. Ni siquiera tienes que estar de acuerdo con la otra persona. Solo tienes que reconocer que la estás escuchando y que estás *tratando* de comprenderla. Eso llega muy lejos.

«Cuando dejé los calcetines en el suelo, te hice sentir como que no valoro tu esfuerzo por mantener la casa limpia».

«Cuando no te llamé para avisarte que estaba atrasado, eso hizo que sintieras que a mí tu tiempo no me importa».

Una de las mejores formas en que tú y tu pareja pueden convertirse en lentos para la ira es comunicarse continuamente y con sinceridad cuando no estén enfrentados a un conflicto. Puesto que llevo casado más de dos décadas con la misma persona, sé lo increíblemente significativo que puede llegar a ser este hábito. De hecho, es posible que esta sea la sugerencia más útil que te puedo dar: trabajen en su matrimonio en los momentos en que no existen conflictos. Amy y yo llamamos a estas cosas «revisiones del matrimonio». La revisión de un matrimonio comprende tres partes sencillas:

1. Aparten algo de tiempo

Planeen esta revisión una noche en la que ya hayan alimentado, bañado y acostado a todos sus hijos a una hora adecuada; tal vez si se puede, un poco más temprano de lo usual. No tiene que ser una gran cantidad de tiempo; hasta una hora les puede dar mucho tiempo para tener una buena conversación. Cuando todos tengan su animal de peluche favorito, se les haya contado una historia, llevado agua y orado con ellos, y todos hayan sido bien arropados en sus camas, reúnanse ustedes dos solos.

Cierren la puerta para tener un poco de privacidad. La conversación no tiene que ser profunda, ni tiene que llevar a una relación sexual (¡Pero está bien si es eso lo que sucede!) Solo se trata de escuchar a la otra persona y centrarse en ella, sin todas las distracciones de siempre.

2. Exprésale tu gratitud a tu cónyuge

Dediquen unos minutos a responderse mutuamente esta pregunta: «¿Cuáles son tres de las cosas que hago que te bendicen?». Cuando cada uno de ustedes esté dando su respuesta, estará creando un impulso positivo para comunicarle al otro las cosas que hace y que marcan una diferencia en su vida. Con esto quiero decir que algunas veces es posible que haga por Amy cosas que *yo* creo útiles, cuando en realidad lo que ella necesita podría ser otra cosa.

Por ejemplo, una vez me dijo que una de las cosas más románticas que podía hacer por ella era atender a la rutina de bañar y acostar a todos los niños, porque le facilitaba un poco de tiempo tranquilo y sola antes de irse a la cama. Amy es loca con los niños, y disfruta cuanto momento tenga con ellos, así que probablemente yo no habría podido saber que aquello era algo que ella me agradecía que hiciera. Pero ahora que sé que se siente así, me hace realmente feliz *a mí* el poder hacerlo por ella.

3. Ofrécele sugerencias útiles

Dediquen después unos minutos para responderse mutuamente esta pregunta: «¿Cuáles son las tres cosas que yo podría hacer para convertirme en una bendición mayor aún para ti?». Puesto que comenzaron con un tono positivo, y porque han apartado ese tiempo como un momento de seguridad y amor, pueden hablar de esas cosas que mejoren su matrimonio. Ustedes tienen un deseo genuino de vivir juntos y felices toda su vida. Eso significa que ambos van a tener que ceder en algunas cosas de vez en cuando. Este momento es excelente para procesar las sugerencias útiles que te haga tu persona amada, como: «Bueno, para ser sincera, cuando tú [haces x], me haces sentir [así]».

O tal vez, cuando tú *no* [haces], me haces sentir [así]».

Ahora, el ambiente relajado que han preparado les ha proporcionado una información muy valiosa y de la mejor manera en que la podrían recibir. Puesto que ambos se encuentran en un lugar tranquilo, pueden pensar con sinceridad acerca de lo que dijo su pareja, y en los detalles de las formas prácticas en que mejor le puede demostrar su amor a su pareja desde ese momento en adelante.

UN CLUB DE PELEAS

Aunque hagan todo lo que les he sugerido anteriormente hasta este punto, es algo inevitable: a veces van a pelear. ¿Cómo lo sé? Porque todo el mundo pelea. Solo recuerda: las parejas que no son saludables pelean sucio para ver quién gana; las parejas saludables pelean limpio, en busca de una solución. Si ya estás casado, te voy a dar unas cuantas ideas que les sirvan de reglas básicas a usar para mantener limpias sus peleas. E incluso si no estás casado, ya sea que tengas novia, estés comprometido o tengas esperanzas, el mejor momento para pensar en estas reglas para las peleas y organizarlas en la mente es antes que las necesites.

Cuando Amy y yo nos comprometimos, invertimos algún tiempo en el establecimiento de reglas para nuestra relación. Queríamos establecer un nivel más elevado para nuestro matrimonio, así que acudimos a la Biblia en busca de sabiduría. Aprendimos de memoria varios versículos y llegamos a un acuerdo en cuanto a los valores que queríamos que fueran los de nuestra familia Groeschel. (Como es obvio, estas son nuestras reglas. Ustedes tienen que trabajar unidos para definir sus propias reglas, basados en lo que es más importante para los dos miembros de la pareja.)

1. *Nunca ponerle apodos a nadie.* Por supuesto, a menos que se trate de un nombre genuinamente cariñoso, como, digamos: Cariño o Capitana Belleza. E incluso si tienen este tipo de apodos, solo permitan que se usen con amor. Nunca contaminen de sarcasmo sus apodos al calor de una discusión.

2. *Nunca levantar la voz.* De eso no sale nada bueno. Si comienzas a sentir siquiera que estás empezando a levantar la voz, tómate un descanso. Cuenta hasta

diez, respira hondo unas cuantas veces, entona un canto, di una oración (o catorce). Haz lo que tengas que hacer, cueste lo que cueste, con el propósito de calmarte.

3. *Nunca ponerse histórico.* No, no se trata de un error ortográfico. No quise decir «histérico». Lo que quiero decir es esto: «¿Sabes? Incluso entonces, cuando éramos novios, hace quince años, tú...». No lo hagas. El amor no guarda un recuento de los errores (1 Corintios 13.5). Las tarjetas de puntuaciones no tienen lugar en tu relación.

4. *Nunca usar palabras como «nunca» o «siempre».* Si dices: «¡Tú *nunca* guardas tus calcetines!», esas palabras *siempre* serán una exageración. Si ha guardado los calcetines aunque sea una sola vez, usar una palabra como *nunca* significa que no estás diciendo la verdad. Mantente dentro de la verdad: «Me *parece* que *muchas veces* tú [haces x], y eso me hace *sentir* [así]». Eso es sincero y comunica tus sentimientos sin constituir una acusación. Ni una declaración extrema.

5. *Nunca amenazar con el divorcio.* Si estás verdaderamente comprometido con el «nunca tirar la toalla», amenazar con el divorcio es una táctica de manipulación que estás usando solo para tratar de ganar esa discusión determinada. O simplemente, estás actuando con crueldad. De la forma que sea, de una

amenaza no va a salir nada bueno. Y en especial si se trata de esta opción termonuclear. No lo hagas.

6. *Nunca citar a tu pastor durante una pelea*. Déjanos a los predicadores fuera de la pelea. «¡Porque el pastor Craig dijo que...!». No; tú te metiste en esto y necesitas salir de la situación. Tus problemas son tuyos y de nadie más. Yo ni siquiera estaba presente cuando comenzó la pelea. (¡Es posible que estuviera en mi casa haciendo panqueques para el desayuno!) Así que sácame del asunto.

EL CONTROL DE LA IRA

Aunque debamos ser «lentos para la ira», eso no significa que nunca nos lleguemos a sentir airados. Bien pensado, lo que significa es precisamente lo opuesto: *vas* a sentirte airado, así que trata de llegar a ese punto lo más lento que te sea posible. Esto significa controlar tu ira de una manera que sea agradable ante Dios, permitiéndole que te guíe.

Algunas veces, sencillamente hay algunas cosas que tienes que aprender a soltar. Si quieres tener un matrimonio estupendo, tienes que ser capaz de mirar ciertas situaciones desde un punto de vista puramente práctico, y decir: «¿Sabes una cosa? No vale la pena que peleemos por esto».

Cuando Amy tiene la oportunidad de aconsejar a las damas, muchas veces les dice: «Escucha, te casaste con un *hombre*, ¿no es cierto? Los hombres hacen cosas de *hombres* y las mujeres hacemos cosas de *mujeres*. No todas las diferencias que haya entre ustedes se tienen que convertir en un gran "problema". ¡Es *preferible* que tu esposo sea diferente a ti! Si los dos son idénticos, uno de los dos es innecesario. Así que de vez en cuando, deja pasar algunas cosas».

Créeme: sé que puede ser duro volverse lento para la ira. Pero veamos otro punto de sabiduría bíblica acerca del matrimonio: «Si se enojan, no pequen. No dejen que el sol se ponga estando aún enojados, ni den cabida al diablo» (Efesios 4.26–27).

¿Ya te diste cuenta de que no es pecado enojarse? Observa que este versículo también da por sentado que nos vamos a enojar de vez en cuando. En efecto, algunas veces está bien que nos enojemos. Es perfectamente normal (mientras el enojo no sea tu manera habitual de actuar). Entonces, ¿por qué se menciona el pecado en este texto bíblico? Porque la ira te puede *llevar* a pecar. Todo depende de lo que hagas con esa ira.

Una cosa que no debes hacer es llevártela a la cama. Si estás enojado, no te vayas a dormir. No te acuestes fingiendo que estás dormido, si entre tú y tu pareja siguen habiendo cosas sin resolver. La legendaria comediante Phyllis Diller solía decir: «Nunca te vayas a la cama enojada. ¡Sigue de pie y pelea!». ¡Y tenía razón! Hablen. Pónganlo todo al descubierto. No lo hagan para ganar. Háganlo para hallar una solución entre los dos.

Por último, ten en cuenta la última parte de este texto bíblico: «Ni den cabida al diablo». ¿Qué se supone que signifique *eso*? Tal vez pienses que suena como un poco exagerado. Pero a lo largo de los años, he hablado con muchas parejas que dejan continuamente asuntos sin resolver entre ellos. En muchas de sus historias, hasta sentían que las cosas se habían vuelto lo suficientemente serias como para pensar en acabar con su matrimonio. Y no habían llegado a ese punto después de un solo desacuerdo.

En todos y cada uno de los casos, dejaron que su ira siguiera su curso durante un día. Luego, al día siguiente, cuando se despertaron, la distancia entre ambos se había hecho un poco más ancha. Siguieron sin enfrentar la situación y al día siguiente se habían apartado aun más. Día tras día, habían seguido ignorando sus asuntos sin resolver. Y algo que había comenzado un día, hace años, como una cuestión bastante sencilla, se había complicado hasta el punto de ser innecesariamente complejo. Por no resolverlo pronto, dejaron algo abierta la puerta de su matrimonio, y el diablo metió el pie en ella. No permitas que tu ira sin resolver abra la puerta a unos problemas más grandes.

TOCA LA LÍNEA

No te vayas enojado a la cama. Resuelve el problema. Una razón por la que me apasiono con esto es porque nosotros no siempre nos quedábamos sin acostar para solucionar las cosas. Al principio de nuestro matrimonio, terminábamos el día sin acabar una pelea. En vez de quedarnos sin acostar para resolver la situación, nos íbamos a dormir como siempre, aunque en realidad estábamos hirviendo por dentro.

Con esta mentalidad, vamos a la cama como si fuéramos gladiadores, y asumimos nuestras posiciones de combate: de espalda el uno al otro, ella de cara a una pared y yo de cara a la otra. En la mayoría de los matrimonios, uno de los luchadores sufre en silencio. El otro es el que yo llamo el de los resoplidos. En nuestro matrimonio, Amy es la silenciosa. Se puede quedar acostada sin moverse ni respirar. No me quiere dar la satisfacción de saber incluso si está viva.

Yo soy el de los resoplidos. Me puedo aguantar tal vez cinco minutos sin hacer ruido alguno, pero ambos sabemos que es inevitable. En algún momento, voy a comenzar a dar vueltas en la cama, tirando de las mantas, gruñendo y resoplando. Por fin, me tendré que levantar para ir al baño (porque eso es lo que le pasa a un hombre en la noche a los cuarenta y tantos años). Pero antes de volver a la cama, tengo que asegurarme de bajar de un golpe la tapa del inodoro, lo más duro que pueda. (Sencillamente, no sería correcto que le permitiera dormir un poco mientras yo sigo enojado.) Entonces, vuelvo para seguir soplando, resoplando y tirando de las mantas.

Cuando se pelea así de sucio, uno también se tiene que asegurar de no permitir que haya contacto con el cuerpo de la otra persona. Nunca puedes permitir que tu pie vaya a parar a territorio enemigo, porque corres el peligro de tocarla accidentalmente. Si la otra persona te toca el dedo gordo del pie, tu obligación es retirarlo enseguida. «Esta noche no vas a tocarme el dedo gordo. ¿Sabes una cosa? ¿Quieres dedo gordo? ¡Pues ponte a jugar con el tuyo!».

Por supuesto, el problema está en que en nuestra ira, se supone que no pequemos. Así, la ira no nos va a ayudar a llevar la vida justa que Dios quiere de nosotros. Pero, ¿sabes qué es lo más sencillo que pueden hacer para evitar llegar a este punto? Ya lo hablamos en el capítulo anterior, ¿recuerdas? *Orar juntos.*

Sí, en realidad es así de sencillo. Busquen juntos a Dios en oración. Orar juntos es como usar el hilo dental: una disciplina que necesitan seguir todos los días para mantener saludable su relación. Y si pierden un día, vuelvan enseguida a orar al día siguiente. Perseveren en la costumbre. Orar juntos los ayuda a pelear limpio.

Así es como funciona: si están buscando continuamente a Dios juntos todos los días, ¿adivina lo que sucede cuando comienza una pelea? Te viene de inmediato a la cabeza que más tarde van a estar orando juntos. Es difícil pelear y también orar con alguien. Es difícil tirarle tus zapatos de tacones altos a alguien y más tarde orar con él. Es difícil decirle algo feo e hiriente a tu esposa, y después ir ante Dios unas horas más tarde para pedirle que te haga el hombre que él quiere que seas. Es difícil tener intimidad con Dios y vivir en una amargura y una falta de perdón continuas.

Una vez que adquieran el hábito de buscar a Dios y tratar de escuchar a su Espíritu, esto se comunica a otras partes de tu vida. Entonces, cuando sientas que tus emociones te están tratando de controlar, que esas viejas tensiones se comienzan a levantar de nuevo, podrás dominarte antes de comenzar a reaccionar con esa carne pecaminosa, dando golpes bajos y peleando sucio. En lugar de reaccionar en la carne, aprendes a *responder* por el Espíritu.

SE NECESITA AYUDA

Mientras escribo esto, estoy muy consciente de que no tengo manera de saber los detalles específicos con los que se tendrán que enfrentar todas las parejas. Tal vez estén peleando, porque no te gusta la forma en que tu esposo mastica su comida cuando están fuera de casa, en público. O porque a ti te frustra que tu esposa deje lleno de basura el auto.

Y después están esas relaciones que se encuentran en el extremo opuesto del espectro. Llegaste a casa después de comprar los víveres y atrapaste a tu esposo mirando pornografía en la Internet. O tal vez acabas de descubrir que tu esposa te ha estado engañando durante meses con uno de tus amigos más cercanos. Tal vez hasta haya violencia y abuso en su relación.

Lo entiendo. Las relaciones son complicadas. Hay toda una gama de cosas con las que tienen que lidiar las personas en su vida, y ciertamente un libro no puede contener todas las respuestas que necesita todo el mundo. Pero al mismo tiempo, estoy convencido de que si ustedes dos pueden hallar alguna forma de buscar juntos a Dios, y si se comprometen a pelear limpio, creo que la presencia de Dios puede sanar cualquier relación. Después de haber dicho esto, también es posible que necesiten admitir que las cosas que están sucediendo, ustedes no las pueden manejar solos. Tal vez necesiten ayuda exterior, ya sea de una pareja madura en la cual confían, o incluso de un consejero matrimonial cristiano. Es más que bueno pedir ayuda. Es sabio. Con esto en mente, te quiero hablar de las cuatro señales de advertencia, tomadas de lo que John Gottman llama los Cuatro Jinetes del Apocalipsis. Si ven esto constantemente en su matrimonio, es que no están peleando limpio, y muy posiblemente, necesitan alguna ayuda.

1. *Las críticas.* Muchas veces la gente confunde las críticas con las quejas, pero no son lo mismo. Los que se quejan dicen: «Habría querido que nos marcháramos cuando quise hacerlo». Los críticos dicen: «¡Tú siempre logras que lleguemos atrasados!». Quejarse es expresar que no se está contento con las circunstancias. Criticar es expresar falta de aprobación con respecto al carácter o las decisiones de alguien. La queja es general y puede que no se refiera a nadie en particular. Las críticas son específicas y *decididamente* se refieren a alguien. Si la crítica es un elemento corriente en su relación, van camino a los problemas y necesitan conseguir ayuda. Las críticas que no se controlan te llevan derecho hasta la siguiente señal de advertencia.

2. *El menosprecio.* Menosprecio y desprecio son la misma cosa. No respetas ni valoras la opinión de tu pareja, o tal vez quizá a la que no respetas ni valoras es a *tu pareja* misma. Sientes de alguna manera que «no te merece», o has decidido que «no es suficientemente

77

buena» para ti. Muchas veces, el menosprecio se manifiesta de maneras visibles o audibles. Cuando dices algo, tu pareja gime o pone los ojos en blanco. Es posible que te hable con sarcasmo y desdén. Con frecuencia, el menosprecio comienza en las interacciones privadas, cuando solo se trata de ustedes dos, porque tu pareja trata de mantener las apariencias para los de fuera. Pero una vez que el menosprecio ha echado raíces, muy pronto otras personas que no forman parte de su relación van a poder ver sus ramas, floreciendo con brotes ponzoñosos.

3. *La actuación a la defensiva.* El que tomes la defensiva siempre es una de las señales de advertencia que indican que necesitas ayuda de fuera. Por lo menos, uno de los esposos (y con frecuencia ambos) se niegan a aceptar responsabilidad alguna por los retos a los que se enfrenta su relación. Las personas que actúan a la defensiva dicen cosas como: «Ella tiene la culpa. Yo no hice nada malo. Solo que ella se pasa todo el tiempo enfadada». O bien: «Es un necio. Su don espiritual consiste en "ser un idiota"».

Tal vez no sean tan francos en esto de no aceptar las culpas, pero su propia capa personal de teflón se cerciora de que nada se les pegue. Por supuesto, el problema que hay en no aceptar responsabilidad alguna es que *ambos* están involucrados. Aunque uno de ustedes *sea* en realidad el que está socavando la relación, responder con el Espíritu de Dios en vez de reaccionar con tus emociones es la única actitud adecuada. Limitarse a echarle la culpa de todo a la otra persona es algo que nunca los va a llevar a encontrar una solución.

4. *El tratamiento del silencio.* El silencio es un método pasivo-agresivo usado por gente inmadura para salirse con la suya a la fuerza. La persona que le deja de hablar a la otra, o ya ha dado por totalmente fracasada la relación o está esperando hasta que la crisis presente «pase al olvido». De cualquiera de las dos formas, se trata de otra manera de negarse a aceptar la responsabilidad. Ya se trate de cambiar siempre el tema cuando surge un problema, o de evadir las discusiones (a veces marchándose o escondiéndose) o de negarse a reconocer siquiera que existe un problema, el tratamiento del silencio representa muy bien lo diametralmente opuesto a la búsqueda de una restauración.

Uno de los pilares más importantes que necesitan para poder tener la relación que Dios quiere es que peleen limpio. Pero incluso si uno de ustedes ve que una de estas cuatro cosas se está presentando en su matrimonio, o tal vez todas ellas, ¡eso no significa que sea demasiado tarde! Dios puede sanar tu matrimonio. Solo que te toca a ti dar ese primer paso. A ti te corresponde comenzar a buscar a Dios de inmediato. No esperes. Ni siquiera aunque pienses que tu pareja no está dispuesta a buscar a Dios contigo en estos momentos, ¡no permitas que eso te detenga!

Si piensas que ya no hay manera de hacer funcionar tu matrimonio, te querría recordar algo que Jesús dijo en una ocasión: «Para los hombres es imposible... mas para Dios todo es posible» (Mateo 19.26). En ese caso, ¿de dónde les está llegando toda esta tensión? Muy bien, otra cosa que Jesús dijo es que «el ladrón no viene más que a robar, matar y destruir». En cambio, él vino «para que tengan vida, y la tengan en abundancia» (Juan 10.10).

Solo tienes un enemigo, y no es tu pareja. Céntrate en esto. Tu enemigo es un ladrón que te está tratando de robar tu gozo, matar tu amor y destruir tu matrimonio. La buena noticia es que no tienes necesidad de pelear limpio con ese tipo. No; con él, en realidad vas a pelear para ganar. Vas a pelear por tu matrimonio y vas a pelear para salir victorioso.

Una de las mejores maneras en que puedes hacer eso es aprendiendo a pelear limpio con tu pareja, en busca de una solución y de una restauración. Cueste lo que cueste, váyanlo resolviendo todo, hasta las cosas más difíciles. Practiquen el perdón. Sacrifiquen su orgullo en nombre del amor. Sincérense uno con el otro y aprendan a dar y tomar con generosidad. Busquen juntos a Dios, poniéndolo a él en el primer lugar dentro de su relación.

No peleen entre sí.

Peleen por el matrimonio que ambos anhelan.

EL PUNTO DE VISTA DE AMY

Cuando recuerdo algunas de las cosas por las que peleábamos Craig y yo recién casados, hace más de veintitrés años, me siento bastante avergonzada por lo tonta que fui. Muchas de esas cosas ahora me parecen ridículas. Por supuesto, no me parecían mezquinas ni tontas en aquellos momentos. Todas las cosas, todos los «problemas» nos parecían realmente... bueno, serios.

Craig ya te habló de cómo quería sus panqueques del desayuno, de una manera determinada, con una forma perfecta, tan delgados que casi quedaban tostados, repletos de ingredientes procesados y demasiado calientes hasta para comérselos. A mí también me gustan los panqueques, pero los míos me gustan mucho más gruesos y hechos con harina integral. ¡Y no lo quiera Dios que ninguno de los dos hiciera concesiones! (Aunque en estos últimos años, él ha aprendido a apreciar mi versión saludable, y de vez en cuando lo consiento, haciéndole unos delgados y poco saludables que tanto le gustan.) Hubo una inmensa cantidad de discusiones más, seriamente mezquinas, así como verdaderos momentos de expectativas desilusionadas y de sentimientos heridos que resolver.

Cuando vamos en auto a algún lugar nuevo, a mí siempre me agrada el tiempo que estamos juntos, solo nosotros dos, en el auto. Lo típico es que Craig conduce mientras yo lidio con las indicaciones y lo voy dirigiendo hacia dónde vamos. Pero sinceramente, no siempre me importa que lleguemos puntuales a donde sea que vayamos. Para mí es mucho más importante sentarme cómoda y disfrutar del viaje. Me gusta contemplar el paisaje por la ventanilla y tratar de saborear cada momento. (Una importante noticia de última hora: ¡nuestras personalidades son muy diferentes!) Craig bromea conmigo, diciendo que trato de guiarlo fijándome en el sol y las estrellas, lo cual lo que hace es volverlo loco. En especial si gira donde no debe hacerlo. Y si yo siento que él se está apresurando sin necesidad, y se lo digo, las chispas saltan con bastante rapidez. ¿Captas la escena?

Hay dos cosas que creo que nos han ayudado realmente a pelear ahora de una manera más limpia. Yo diría que ambas están unidas a lo mucho que hemos madurado a lo largo de los años en nuestra relación, no solo entre los dos, sino también con Cristo. La primera es que los dos sabemos realmente cuál es la mejor manera de amar al otro. Como ya te dije, somos diferentes; muy diferentes. Sin embargo, en vez de permitir que eso se convierta en una fuente de tensión entre nosotros, hemos aprendido a no adaptarnos simplemente a nuestras diferencias, sino a apreciarlas de verdad.

Yo ya he dejado de tratar de cambiar a Craig para que se parezca más a mí. De todas formas, ¿por qué querría yo tener que tratar con otra persona igual a mí? Craig es Craig. Yo lo acepto tal como es. Si Jesús lo hace, ¿por qué no lo voy a hacer yo? No solo aceptamos el que cada uno de nosotros tenga sus debilidades o sus diferencias, sino que hemos aprendido a ser fuertes para ayudarnos mutuamente.

Como equipo, funcionamos mejor de lo que habría podido hacerlo jamás uno de nosotros por su propia cuenta. Nuestra mezcla exclusiva crea una dulce armonía cuando preferimos la gracia al orgullo. Tal como describe Dios al matrimonio, en realidad somos las dos mitades de una sola persona.

Lo segundo es que hemos aprendido a usar el dominio propio reteniendo nuestros primeros pensamientos en los momentos críticos. Si uno está enojado, le es muy fácil soltar esas palabras llenas de enojo. En realidad, Dios cambió esto en la vida de Craig primero, y después su piadoso ejemplo me guió a mí también a un lugar mejor. Si te puedes dominar con paciencia y oración hasta que se te aclare la mente y se te calme el corazón, la pasión de ese momento se va a disipar. Es sorprendente el que sea mucho más fácil hablar de las cosas hasta solucionarlas, con solo esperar un momento.

Ambos sabemos siempre que inevitablemente, antes de dormirnos esa misma noche, vamos a arreglar la situación. Entonces, al día siguiente todo nos parece mejor, y podemos comenzar renovados y con amor, decididos a no permitir que se nos acumule ningún tipo de carga. No les damos a nuestros problemas ni la más mínima oportunidad de crecer. Cuando el diablo trata de meter el pie en esa puerta, lo golpeamos incansablemente con ella, hasta que no le queda más remedio que sacar el pie.

Por supuesto, eso solo funciona si ustedes dos se mantienen en el mismo espíritu. Las dos cosas críticas que necesitan recordar son: buscar juntos a Dios constantemente y siempre tener como meta final la solución de los conflictos. Muchas veces, cuando nos vemos metidos en una discusión, dejamos que se nos enreden las emociones, y lo conviertan todo en un desastre. Es probable que se trate mayormente de nuestro orgullo. Nos podemos quedar atascados en la necesidad de estar en lo cierto. Además de ser un terrible objetivo cuando se presenta en una pelea, en realidad hace que la pelea se vuelva imposible de ganar. Si ganas todas las peleas, pero destruyes la relación entre ustedes mientras lo logras, ¿qué es en realidad lo que has ganado? ¡Nada!

Así que no peleen para ganar. Los dos deberían pelear para perder el conflicto y ganar una relación más estrecha. No peleen el uno contra el otro; peleen unidos para restaurar su relación. Redefinan lo que es ganar, para que signifique que al final de cada pelea, estén más cerca el uno del otro que cuando la comenzaron. ¡Eso es ganar! Y eso es lo que significa en realidad pelear limpio.

DIVERTIRSE

Que la esposa haga que el esposo se sienta contento de regresar al hogar, y que él la haga sentir triste cuando lo vea marcharse.
—Martín Lutero

Cuando Amy y yo éramos novios, a mí me encantaba arreglar unas elaboradas citas para mantener las cosas divertidas e impredecibles. No tenía mucho dinero, así que por lo general me tenía que volver realmente creativo. Por ejemplo, la llevé en una ocasión a una expedición... dentro de la casa. Así mismo; dentro de la casa. Le pedí prestada su tienda de campaña a mi vecino de al lado y la armé en mi sala. Un bosque de plantas caseras y todos los animales de peluche que mi hermanita me pudo prestar rodeaban la tienda como animales salvajes que nos miraban desde los bosques.

Cuando llegó Amy, «cociné a la intemperie» y le serví comida a la fogata. Tal vez estés poniendo los ojos en blanco y pensando que es la cosa más cursi que hayas oído jamás, pero a ella le encantó. Estaba emocionada porque yo había pasado muchos trabajos para agasajarla. Nos estuvimos riendo durante toda la cita, solo haciendo tonterías y disfrutando mutuamente de la compañía.

¿Y sabes una cosa? Más de veintitrés años y seis hijos después, ¡funcionó! (Y yo estoy muy agradecido de que así haya sido.) Otras citas fueron igual de divertidas y aventureras. Sobre todo, nos encantaba salir de picnic, a veces espontáneamente. Recogíamos unas cuantas cosas e íbamos a algún lugar realmente hermoso (un parque) o divertido (el zoológico), o ambas cosas. Conversábamos y nos íbamos conociendo entre nosotros, haciéndonos historias y revelando cada vez más acerca de nuestras vidas, riendo y bromeando todo el tiempo.

A veces, yo le traía baratijas y regalos. En una de nuestras citas, le di un libro para niños llamado *Miffy's Bicycle* [«La bicicleta de Miffy»], acerca de una conejita que soñaba con conseguir su primera bicicleta. Cuando se lo entregué, ella me preguntó: «¿Y esto para qué es?».

Yo le dije: «Bueno, me encontré este libro y pensé: "¡Ah, qué gracioso! Me gustaría leérselo algún día a mis hijos". Así que quise que tú lo guardaras en un lugar especial hasta que se lo podamos leer a nuestros hijos».

Ya lo sé, ya lo sé. Las mujeres que acaban de leer el párrafo anterior dirán: «¡Aaaah!». Los hombres que lo hayan leído dirán: «¿En serio, amigo?». ¡Pero es cierto! De veras que lo hice. Y todos y cada uno de mis hijos se habían aprendido ya de memoria cada página de ese libro cuando llegó el momento en que tenían demasiada edad para seguirlo leyendo. Y todos ellos saben: «Papá le dio este libro a mamá antes que yo naciera». Va a ser un atesorado recuerdo en nuestra familia, espero que por generaciones. En efecto, dentro de muchos años, cuando Amy y yo ya no estemos aquí, es probable que nuestros hijos tengan que tener un dramático litigio legal para decidir quién se queda con él. (No, no va a hacer falta. Nosotros incluimos en nuestro testamento un párrafo acerca de él.)

Es muy posible que tú tengas también tus propias historias sentimentales tontas, que no divierten a nadie más, pero son especiales. (¡Y si no las tienes, entonces ya va siendo hora de que construyas una!) Pero divertirse juntos no es solo una gran parte de la historia de tus citas. La diversión dentro de tu matrimonio debe ser una serie continua de sucesos de actualidad.

AMARTE ES DIVERTIDO

Cuando Amy y yo éramos novios, dedicábamos una gran cantidad de energía a la tarea de asegurarnos de que nos divertíamos juntos. Y cuando nos casamos, nos comprometimos a llevar a nuestro matrimonio esa misma intención de buscar maneras de divertirnos. Sabíamos, sin tener que pensarlo siquiera, que la diversión era realmente importante para nuestra relación. Habíamos visto a demasiados amigos nuestros comenzar a distanciarse entre sí poco después de casados. Caían en todos esos papeles de «adultos casados» que se esperaban de ellos, y la mayoría parecía perder de vista lo mucho que habían disfrutado del simple hecho de estar juntos.

¿Por qué sucede esto? Aunque ambos miembros de la pareja tienen la responsabilidad de mantener viva la diversión, creo que muchas veces el problema comienza con el hombre. Hemos sido programados para buscar, iniciar, cazar. La caza nos entusiasma. Nos encanta ganar, conquistar, matar. Y, caballeros, ¿qué hacemos cuando matamos, cuando atrapamos a ese venado? Mandamos a disecar la cabeza, la montamos sobre la pared, alardeamos acerca de ella durante un tiempo y después, ¿qué? Queremos ir a cazar lo siguiente que se nos aparezca.

Al parecer hay muchos hombres que no son capaces de separar esas características innatas y la relación con su pareja. Sienten que tienen todo un público animándolos cuando están tratando de lograr que *esa* joven salga con ellos. La convencen para que sea su novia. Luego tratan de impresionarla para que vea que son buen material como esposos, llevándole flores y jugando con los hijos de otra gente. Finalmente, un día logran ponerle el anillo en el dedo, y todos sus parientes y amigos exclaman: «¡Sí! ¡Lo logró! ¡Es una chica fantástica! ¡Sigue adelante, amigo!».

Después, cuando ya los han dejado de vitorear y comienza su tranquila vida de todos los días, esa multitud se desaparece. Nadie los está animando diciéndoles: «¡Puedes lograrlo! ¡Conquístala, hombre!». Si no adaptan su juego a su nueva realidad, van a perder de vista la diversión.

Es lamentable que haya demasiada gente que considera que la diversión en el matrimonio es todo un lujo. «Ya no tenemos tiempo para divertirnos. No tenemos tiempo para citas tontas ni para pasear los fines de semana. Estamos demasiado ocupados tratando de ganarnos la vida y seguir adelante. Tenemos que comportarnos ahora como adultos. Claro, aquello fue divertido mientras duró, pero ya se acabó. Me gustaría que pudiéramos seguir divirtiéndonos, pero la verdad es que en estos momentos de nuestra vida, no es sensato». Si la pareja comienza a aumentar la familia, cuando esto se produce, les comienza a parecer imposible que se puedan divertir ellos dos solos.

¡Sin embargo, eso no es cierto! Permíteme decirte algo: cuando uno se casa, la diversión no es un lujo, sino un requisito. No sé por qué hay tanta gente que no parece estarse divirtiendo en su matrimonio, pero observo con frecuencia este problema. En efecto, una vez escuché decir a un hombre casado: «El hombre no sabe lo que es la felicidad hasta que se casa. Pero entonces es demasiado tarde para hacer algo al respecto». Y no había pasado mucho tiempo cuando oí que una mujer le replicaba: «Cada vez que oigo a un hombre decir que su mujer no soporta las bromas, trato de recordarle que a ella le hicieron la broma más grande cuando se casó con él».

Conozco a muchas parejas que se solían divertir de lo lindo mientras eran novios pero, una vez que se casaron, la «vida» se metió de intrusa y con el tiempo dejaron de disfrutar de su compañía mutua.

Sin romance, sin aventuras, sin intimidad física; sin *diversión*, el matrimonio queda reducido a un simple asunto de negocios. Son como los socios de una compañía, dos compañeros de cuarto que se dividen los gastos, como el alquiler y los víveres, aunque llevan unas vidas totalmente diferentes. Su comunicación puede terminar siendo como una serie de reuniones breves en las cuales se están dividiendo una lista de cosas por hacer:

«Yo llevo a Jamie a su práctica de gimnasia el jueves».

«Bien. La cita de ella esta semana es al mismo tiempo que la lección de piano de Beth, así que yo llevo a Beth a la lección mientras ustedes están allí. ¿Ya pagaste la cuenta de la tarjeta Visa?».

«Sí, pero no sé cómo me las arreglé para olvidarme de llevar conmigo el pago de la electricidad, así que lo necesitamos poner en el correo».

«Bueno, yo tengo que pasar de todas formas esta mañana por el cajero automático. Allí mismo hay un buzón de correos. Dámelo y yo lo echo al buzón».

«Gracias. Y ahora, ¿cuál es el siguiente punto en la agenda de esta semana?».

No me malentiendas. Todas estas responsabilidades son importantes y hay que atenderlas. Pero si permiten que su relación se deteriore hasta el punto de que todo tiene que ver con una simple negociación sobre las transacciones del día, lo mejor será que se diviertan lo más que puedan mientras humedecen los sellos para las cartas de las facturas. Espero que me hayas entendido.

Las personas nunca se enamoran pasando malos ratos. ¿Has oído hablar alguna vez de alguien que se haya enamorado de una persona con la cual se aburría? ¿Has oído decir a alguna joven esto? «¡Ah, ese joven es maravilloso! Tenemos taaaaantas cosas en común. Cada vez que nos juntamos, nos quedamos sentados sin decir nada. A veces, hasta me quedo sentada, contemplándolo mientras vegeta con sus videojuegos durante horas. ¡Me emociona tanto ver lo soso y aburrido que es!».

¡No! Lo que oyes son cosas como esta: «¡Nos divertimos tanto cuando estamos juntos! Es increíble lo mucho que tenemos en común. Se nos pasan las horas como si fueran minutos. La parte peor de cada cita llega cuando nos tenemos que despedir. Nos parece que nunca nos alcanza el tiempo para hablar acerca de todas las cosas de las que realmente queremos hablar. ¡Cuánto quisiera que pudiéramos estar juntos para siempre!».

Si dos personas no se divierten en sus citas, no hay manera de que se lleguen a casar. Sin embargo, ¿no te da la impresión de que una vez casados, pierden su sentido del humor y su gusto por la aventura?

¿Les parece que no les queda tiempo para divertirse? Al contrario: no tienen tiempo para *no* divertirse. Es más, si no tienen diversión en su matrimonio, es posible que este deje de existir un día.

TITULARES Y DETALLES

Dios quiere que nos divirtamos con nuestra pareja. Él se deleita genuinamente al ver que disfrutamos las bendiciones del matrimonio. El matrimonio le da color a una vida que a veces nos parece estar en blanco y negro. «Goza de la vida con la mujer amada cada día de la fugaz existencia que Dios te ha dado en este mundo» (Eclesiastés 9.9). Como ves, la Biblia te anima: «Goza de la vida con la mujer amada». No podría ser más sencillo; ¿cierto?

Son muchos los días en los que nos tenemos que limitar a dedicarnos a nuestro trabajo; a hacer cosas. Te levantas, vas a tu lugar de trabajo, tal vez tomes un descanso para almorzar, laboras un poco más y finalmente regresas a tu casa al final del día. Y esa es la mejor parte de todos los días: regresar a la mujer que amas. Muchachos, actúen de manera deliberada en la búsqueda de la felicidad junto con ella, porque ella es la «recompensa» de Dios para ustedes.

Llegar a casa para estar con tu esposa significa disfrutar del tiempo que se están viendo las caras. Esto es lo que tú esperarías: pasar tiempo juntos en persona, disfrutando cada cual de la compañía del otro. Cuando eran novios, les parecía que podían hablar horas, horas y horas sin fin, cada día. Se llamaban por teléfono para seguir hablando. Y en estos tiempos, entre llamada y llamada, se mandan mensajes de texto. He conocido parejas de novios que hablaban por teléfono hasta las dos de la mañana. Entonces, cuando por fin se les acababan las cosas que se podían decir, dejaban el teléfono al lado de ellos en la almohada, y se dormían escuchando cada cual la respiración del otro. (Aquí no estoy hablando de respirar fuerte, sino de hacerlo con un ritmo normal y adecuado.)

Entonces, ¿qué sucede cuando nos casamos? Para la mayoría de la gente, todos aquellos momentos en que estaban cara a cara se llenan ahora de planes, responsabilidades y tensiones: cuál de ellos es el que va a recoger a los hijos después de las clases, «lo tienes que llevar al karate», «la tienes que llevar al ballet», «necesitamos cambiarle el aceite a la furgoneta», «pasa recogiendo algo de leche cuando vuelvas a la casa», «me parece que el aire acondicionado nos va a dar problemas pronto», y «muy bien, voy a llamar al técnico para que le eche un vistazo». Aunque están cara a cara, aunque están pasando un tiempo juntos, lo están usando todo solo para intercambiar información, no para comunicarse ni para compartir el yo que ambos tienen debajo de la piel. Podrá ser civilizado, pero no es íntimo. Será práctico, pero ciertamente, no tiene nada de divertido. Y lo peor de todo es que no funciona. Los dos necesitan una diversión legítima cara a cara.

Veamos en las Escrituras un ejemplo de la clase de comunicación de la que te estoy hablando. En Cantar de los Cantares, Salomón le habla poéticamente a su amada, la sulamita, y se toma su tiempo para describirle todos los aspectos de su belleza con detalles íntimos y atrevidos. Comienza por sus pies, y va subiendo gradualmente por todo su cuerpo, hasta que termina en sus ojos. Permíteme que te cite y traduzca aquí una parte de este texto (7.1–4):

«¡Ah, princesa mía, cuán bellos son tus pies en las sandalias! Las curvas de tus caderas son como alhajas labradas por hábil artesano».

¡Qué buena labia tiene este hombre! Me imagino que puso un tema de Barry White como música de fondo.

«Tu ombligo es una copa redonda, rebosante de buen vino».

Traducción: «Nena, me encantaría beber de tu cuerpo en tu ombligo».

«Tu vientre es un monte de trigo rodeado de azucenas».

Traducción: «Tienes la forma realmente agradable de un bello reloj de arena. Te ves hermosa y delicada. Y hueles bien».

«Tus pechos parecen dos cervatillos, dos crías mellizas de gacela».

Traducción: «Me encantan tus gemelas. ¡Se ven tan suaves, delicadas y hermosas! Y no sé cómo decirte lo feliz que estoy por las dos que tienes». (Dicho sea de paso, decididamente, te podría dar muchos más detalles acerca de esta parte, pero como estoy madurando, me voy a limitar. Pero estoy seguro de que captas la idea.)

«Tu cuello parece torre de marfil».

Traducción: «Tienes el cuello largo y esbelto. Tu piel parece de porcelana».

«Tus ojos son los manantiales de Hesbón, junto a la entrada de Bat Rabín».

Traducción: «Tus ojos son taaaan azules... Cariño, estaría dispuesto a ahogarme en ellos».

Ahora bien, ¿qué está haciendo aquí Salomón? Le está hablando a esta joven en la intimidad, cara a cara, dándole detalles.

A los hombres nos gustan los titulares.

A las mujeres les encantan los detalles.

Salomón no se puede detener. Y a su mujer le encanta su atención. Las mujeres disfrutan cuando hablan con sus esposos. Les encanta que les digamos lo que estamos sintiendo, cómo nos estamos sintiendo y por qué lo estamos sintiendo. Claro, muchachos, se lo queremos *mostrar*, pero a ellas lo que les encanta es que pongamos esas cosas en palabras. Poner en orden todos esos sentimientos para expresarlos nos exige que bajemos la guardia, lo cual hace que nuestra relación sea más real. La conversación íntima y continua es clave para el éxito de cualquier matrimonio. Eso significa que la tienes que proteger, porque si no lo haces, y acuérdate de lo que te estoy diciendo, su vida diaria va a ir empujando esa cercanía para eliminarla, y van a perder la diversión cara a cara.

LAS CITAS

Es probable que las personas que forman parte de la familia de nuestra iglesia se hayan cansado hace mucho rato de oírme decir las mismas palabras una y otra vez, cuando hablo acerca del matrimonio: noche de cita. Noche de cita, noche de cita, noche de cita, noche de cita, noche de cita. Me parece que es imposible que insista demasiado en esto. Durante años, casi todas las semanas Amy y yo conservamos fielmente nuestra noche de cita. Este compromiso era el tiempo que apartábamos cada semana para conectarnos íntima y emocionalmente, cara a cara. Aunque se estuvieran produciendo otras locuras en nuestra vida, ambos sabíamos siempre que por lo menos iba a llegar una noche de la semana que los dos podíamos esperar con ansias.

Sin embargo, a medida que nos hacíamos mayores, y como nos daba la impresión de que estábamos añadiendo hijos uno tras otro, y las partes movibles de la iglesia se estaban volviendo cada vez más complicadas, terminamos cediendo. Hablamos sobre nuestros planes y acordamos: «¿Sabes una cosa? Ya hemos tenido un matrimonio estupendo. Pero sencillamente, estamos demasiado ocupados en esta época de nuestra vida para seguir manteniendo la noche de nuestra cita semanal cara a cara como si fuera una vaca sagrada. Así que por ahora, vamos a relajarnos, y divertirnos un poco con nuestros hijos».

En aquellos momentos, nos pareció perfectamente lógico. No teníamos ni idea de lo que nos costaría aquella decisión aparentemente inocente. Meses más tarde notamos una tendencia perturbadora en nuestra relación. Cada semana nos reuníamos con nuestro pequeño grupo de amigos para hablar de nuestra fe y compartir lo que nos estaba pasando, fuera bueno o malo. Durante esas reuniones semanales, noté una y otra vez que sucedía lo mismo. Amy hablaba de algo por lo que estaba pasando, algo que estaba sintiendo, y yo pensaba: «¡Yo no sabía que le estaba ocurriendo eso!».

Además de ser mi esposa, Amy es la mejor amiga que jamás he tenido. Y allí estaba ella, hablando de cosas realmente importantes que yo no tenía ni idea de que le estaban sucediendo. Amy estaba notando lo mismo. Y le decía a nuestro grupo: «Esto es por lo que he estado orando recientemente...», o bien: «Esta es la carga realmente pesada que estoy llevando en estos momentos». Cuando regresábamos a nuestra casa, Amy me preguntaba acerca de aquello. «¿Cuándo comenzó eso? ¿Cómo es posible que en la reunión del grupo de esta noche te haya oído hablar del tema por vez primera?».

Por fortuna, llegamos a la misma conclusión y al mismo tiempo. Ambos nos dimos cuenta de lo importantes que habían sido aquellos momentos cara a cara para estabilizar y fortalecer nuestro matrimonio. Tan pronto como vimos lo que estaba sucediendo, nos volvimos a comprometer a tener nuestra noche de cita semanal. ¡*Era* realmente sagrada!

Tú también necesitas hacerlo. Tienes que apartar ese tiempo, reconocer lo sagrado que es y después protegerlo celosamente. La calidad de tu matrimonio te va a descubrir. Si estás invirtiendo regularmente en esos momentos cara a cara, se va a notar en tus relaciones. ¿Y sabes qué más va a hacer notar? Que no lo estás haciendo.

Las conversaciones en el auto mientras llevan a sus hijos a su siguiente actividad no cuentan. Tampoco cuenta el que hablen mientras están juntos viendo algún programa en la televisión. Y ciertamente, no puede contar el tiempo que estén sentados cada uno en un extremo de la mesa, jugando con sus teléfonos móviles. Lo que les hace falta es tener tiempos cara a cara. Tiempos constantes, seguros y a los cuales sean fieles. Den largas caminatas, como hacen esas bellas parejas ancianas en el centro comercial. Vayan a sentarse en una cafetería. Tomen el auto y hagan un viaje largo. Vayan a ver una película en un autocine. Encuentren un restaurante pequeño, barato, y conviértanse en clientes habituales. Hagan lo que tengan que hacer, pero inviertan en tiempos de diversión cara a cara, planificados con regularidad y auténticos.

UNO JUNTO AL OTRO

La siguiente manera de divertirse es tan importante como la diversión cara a cara. La diversión mutua significa que sales de la casa con tu mejor amistad (tu pareja), y disfrutan juntos de alguna actividad que les guste a ambos. En Cantar de los Cantares 7.11 dice: «Ven, amado mío; vayamos a los campos, pasemos la noche entre los azahares».

¿No puedes sentir la diversión que se acerca? «Cariño, salgamos este fin de semana. Vayámonos de la casa, llévales los niños a tus padres, y vayámonos a divertirnos juntos. Tal vez podamos encontrar un alojamiento y desayuno en algún lugar».

Damas, no subestimen lo importante que es la diversión juntos para su esposo. No quiero generalizar demasiado, pero lo que les voy a decir, *generalmente* es cierto. Para muchos hombres, ese estar juntos significa tanto como el cara a cara significa para ustedes. Andar con su esposa haciendo algo divertido hace que el hombre sienta que se le valora. Ustedes pasan momentos cara a cara juntos porque los necesitan. Pero pasan momentos uno junto a otro, porque *quieren*. Eso es lo que los une como amigos.

Un amigo mío me dijo en una ocasión: «Cuando camino junto a mi esposa, siempre me agrada tomarla de la mano. Lo hago por dos razones. La primera, porque la amo. La segunda, porque si la suelto, se va a comprar en las tiendas».

Amy y yo ya llevábamos varios años de casados cuando entendimos por fin lo importante que es este estar uno junto a otro. Lo irónico del caso es que cuando lo logramos, eso explicó algunos sentimientos que yo había tenido con respecto a Amy cuando habíamos comenzado nuestro noviazgo. Cuando ella y yo comenzamos a pasar tiempo juntos, una de las cosas que más me agradaban de ella era que *siempre* quería andar conmigo, sin importarle lo que yo estuviera haciendo. Si iba a reunirme con un amigo para jugar al tenis, ella me quería acompañar. Si necesitaba ir a la biblioteca a estudiar, ella tomaba unos cuantos libros y se iba conmigo a estudiar también.

Hubo un momento en particular que me parece que es probable que recuerde siempre. Estábamos comenzando la universidad y yo la iba a recoger para encontrarnos con unos amigos. Mientras traspasaba la puerta, agarré un par de guantes de béisbol. Más tarde, mientras estábamos con nuestros amigos, Amy y yo jugamos lanzándonos las bolas mientras conversamos. Recuerdo haber pensado específicamente en aquellos momentos: «Esta jovencita tiene que ser la mejor novia que puedo tener. ¿Cómo habría de encontrar en ninguna parte a una joven que realmente quisiera jugar béisbol conmigo?». Un amigo nos tomó una foto mientras jugábamos y me la dio más tarde. Esa fotografía significó tanto para mí, que la hice ampliar al tamaño de un cartel de anuncios y la puse en mi pared. ¡Quería que todos mis conocidos vieran a mi novia perfectamente increíble que jugaba lanzando bolas, y con fuerza, y *además* le encantaban los deportes!

Para ti, ¿cuál sería el equivalente? Necesitas encontrar actividades de las que puedan disfrutar juntos. ¿Te está pidiendo siempre tu esposo que vayas a jugar golf con él? Tal vez pienses que sea aburrido, pero permíteme preguntarte algo: ¿has conducido de verdad alguna vez un carrito de golf? No tienes razón alguna para aburrirte. Y además, piensa en la cantidad tan grande de tiempo de conversación que eso les daría a los dos.

Tal vez a él le gustaría salir de caza contigo. Yo no lo hago, pero conozco algunas esposas que se divierten cazando. Hay una dama a la que le encanta estar al aire libre, sentada en silencio junto a su esposo durante horas. Se toman de la mano, comparten el café y después llenan de huecos de balas a los venados, los pavos o cualquier otro animal que encuentren desprevenidos. ¿Verdad que suena romántico?

Por supuesto, no se tienen que ir a los extremos para disfrutar de actividades juntos. Tal vez les agrade visitar un museo o hacer castillos en la arena de la playa. O quizá podrían escalar rocas juntos, o emprender largas caminatas. Pueden montar una bicicleta doble o jugar al ajedrez. Hasta se pueden sentar en su portal por la mañana, mientras se toman juntos una taza de café y observan a las aves. No importa, siempre que lo hagan juntos. Damas: intenten entrar con él en su mundo. Ahora bien, esto funciona en ambos sentidos. Caballeros: entren ustedes también en el mundo de ella. Hagan todos los chistes que quieran en cuanto a salir de compras con ella, o ir a una feria de manualidades, o a un mercado de cosas baratas, o una subasta de antigüedades, pero busquen la manera de divertirse. Ambos: necesitan apartar un tiempo para hacer con su pareja lo que esta disfrute.

A veces voy a comprar los víveres con Amy los viernes por la noche. ¿Por qué? ¡Porque soy un gran fanático de comprar víveres, por supuesto! (En realidad, preferiría una agradable tortura china con agua, a estar comparando los precios de los vegetales enlatados.) Pero, ¿sabes una cosa? A Amy le encanta ir a comprar los víveres. ¡Y es buena para hacerlo! Yo disfruto de esos momentos en que estoy solo con ella. Además, eso me da la oportunidad de tratar de deslizar alguna mezcla buena para panqueques en el carrito mientras ella no me está mirando. Es más, la última vez que fui con ella me agradeció tanto que la acompañara que, a la mañana siguiente, me hizo panqueques planos, tal como me gustan. Así es de bueno Dios y así de buena mi esposa.

Una que otra vez, me he dado a conocer por permitir que mi piedad se exceda, viendo con ella todo un programa de televisión acerca de vestidos de boda. Yo ni siquiera sabía que existiera un programa de ese tipo, pero sí, evidentemente, hay toda una serie que solo se refiere a la selección del vestido de bodas por parte de las mujeres. Mientras yo estaba allí sentado con ella en su mundo, me preguntó: «¿Verdad que esto te hace sentir más cerca de mí?». No pude menos que sonreír al ver lo bella que era.

Por lo general disfruto del tiempo que paso con ella en su mundo, haciendo cosas que a ella le gustan. He estado en una recepción de regalos para bebés con ella antes. En una ocasión, hasta me preguntó si quería ir a hacerme la manicura con ella. Sin embargo, en ese caso me pareció que debía marcar un límite en algún punto. Eso sí que no lo podía hacer. Me crisparía demasiado los nervios permitir que alguien me arregle las uñas. Ahora bien, sé que hay algunos hombres a los que les gusta ir a la manicura. Y aunque supongo que no tenga nada de malo, solo para que quedemos claros, esa no es la razón por la que [en inglés] las llaman man (que se traduce como «hombre») -icuras. Pero yo tengo la filosofía de que todo hombre puede tener algo de "chicas" que puede hacer. La mía es hacer velas. Si la tuya es que te arreglen las uñas... bueno, está bien. ¡Pero confórmate con esa sola! Si comienzas a ver programas sobre vestidos de novia solo y quemando velas después de haber ido a la manicura, vamos a tener que intervenir.

Es algo muy conocido que a las mujeres les gusta que sus hombres se sinceren y hablen. Así que les pregunto, damas, ¿cuándo es más probable que su hombre se sincere ante ustedes? Les puedo hablar de dos momentos concretos:

1. Cuando está haciendo contigo algo que él disfruta.
2. Inmediatamente *después* de haber hecho contigo algo que él disfruta.

(Sí, pestañea. Hay un chiste camuflajeado en las dos cosas anteriores. Pero solo porque sea divertido, eso no quiere decir que no sea cierto.)

EN EL PARQUE

La diversión cara a cara es importante. También lo es la diversión cuando andan los dos juntos. Y cuando practican ambas, ¿adivina a dónde te lleva eso? ¡A la diversión ombligo con ombligo! Y para demostrarte el significado de esta clase de diversión física, tal vez deberíamos dejar que lo hicieran Salomón y la sulamita. En Cantar de los Cantares 7.10–12, la enamorada de Salomón comienza a responder a sus invitaciones:

«Yo soy de mi amado, y él me busca con pasión».

Traducción: «Yo sé que me deseas. Bien, ¿sabes una cosa? Soy toda tuya».

«Ven, amado mío; vayamos a los campos, pasemos la noche entre los azahares».

Traducción: «Sí. Quiero irme el fin de semana contigo. ¿Por qué no vamos a ver qué tal es ese lugarcito en que hay cama y desayuno del que siempre estás hablando?».

«Vayamos temprano a los viñedos, para ver si han retoñado las vides, si sus pimpollos se han abierto, y si ya florecen los granados».

Traducción: «Cuando lleguemos allí, vamos a perdernos por los bosques a ver si encontramos animales salvajes; supongo que entiendas lo que te digo. Y si estamos en primavera...».

«¡Allí te brindaré mis caricias!».

¿Crees que estas palabras necesitan realmente alguna traducción? ¡Despierta! Ella le está diciendo a él: «¡Vamos a hacerlo en el parque!». Quiero dejar las cosas bien claras aquí: no te estoy sugiriendo que hagas eso. Solo te estoy diciendo que eso es lo que ella le dijo a él. Si van a hacerlo al parque, los van a arrestar, a menos que puedan encontrar un lugar realmente privado. (Pero eso no lo oíste de mí.)

Así que aquí lo tienes. Esa es tu diversión ombligo con ombligo. Es el romance. Es la intimidad física. Lo comprendes. (Al menos, eso espero.)

Ahora tal vez estés pensando: *¿A Dios le caen bien esa clase de cosas?* ¡Sí! Sí le caen bien. Leamos su Palabra: «Sea bendita tu fuente, y regocíjate con la mujer de tu juventud, amante cierva y graciosa gacela; que sus senos te satisfagan en todo tiempo, su amor te embriague para siempre» (Proverbios 5.18–19, LBLA).

Traducción: «Disfruten siempre el uno del otro. Tanto si llevan casados diez minutos como si llevan cuarenta años, disfruta a la mujer con la que te casaste».

¿Verdad que la Palabra de Dios es buena? Ella es hermosa, es agraciada y deseo que siempre te sientas satisfecho con lo que tienes en ella. La palabra hebrea traducida aquí como «embriagar» es *shagah* («shagá»). En hebreo, este verbo se usa a veces para describir la forma en que un animal persigue, ataca y mata a otro animal para comérselo. Así es como dice Salomón que te debes sentir con respecto al amor que ella te tiene: es un amor que te persigue, te golpea y te devora. ¡Eso sí que es un romance tórrido! En el matrimonio, no solo es correcto sentirse consumido de pasión por el ser amado, sino que eso es una bendición procedente de Dios.

Permíteme decirte cómo puedes aplicar la sabiduría de Salomón a tu propio matrimonio. Además de ser un indicador de la salud general de tu matrimonio, la intimidad física (y la diversión correspondiente) es una de las cosas más poderosas que puedes hacer para llevar sanidad a tu relación. Tal vez haga ya mucho tiempo o piensen que tienen horarios diferentes. Quizá te sientas incapaz, o que últimamente lo que has estado haciendo no ha funcionado. O es posible que se haya vuelto simplemente algo aburrido y predecible. No te desesperes; hay esperanza.

Comencemos por los hombres. Amigos, recuerden que su método importa, y mucho. Aunque les exija un poco de esfuerzo extra, traten de ser creativos en sus formas de aproximarse a su esposa. Si siempre se le acercan de la misma manera, es decir, apuntando hacia abajo y diciéndole: «Cariño, quieres algo de esto, ¿no es cierto? ¡Yo sé que sí!», entonces es probable que sea tiempo de cambiar de estilo. Si piensas que ella se excita cuando te das una palmada en tu propio trasero cada vez que sales de la ducha y le dices: «¡Oye, mira *esto*!», entonces seamos sinceros: necesitas añadir unas cuantas herramientas nuevas a tu caja.

Por ejemplo, es posible que la ternura no te importe mucho a ti, pero tal vez sea una cuestión muy importante para tu esposa. ¿Qué tal si te comportas con sutileza? En la desnudez agresiva no hay nada seductor. Analiza tu estilo. Intenta ser romántico. Trata de iniciar una conversación significativa. Tráele un regalo. Envíale flores sin que haya motivo para hacerlo, no solo cuando le quieras pedir perdón después de una pelea. Analiza tu método. Pregúntale qué tal pasó el día. Y cuando te conteste, ¡escucha en verdad lo que dice! Cuando se siente, tómale uno de los pies y comienza a darle un masaje. Trabaja en tu método. Caballeros, ¿me estoy haciendo entender? (Espero que sí, porque también me estoy hablando a mí mismo.)

Por último, no traten siempre de llevar todo a lo sexual. Si ella dice: «Necesitamos hacer un cambio de aceite», contrólense las ganas de responderle con algo como: «¡Yo *te* lo voy a cambiar!».

En vez de decir algo así, traten de demostrarle a su pareja que la aman igual, tanto si terminan haciendo el amor, como si no. Tal vez le podrían dar un masaje en la espalda, sin que *tenga* que terminar en sexo. En vez de esto, traten de ser amorosos. Traten de ser tiernos. Trabajen en su método.

Por supuesto, también tengo unos consejos para las damas: hagan un método ustedes. Eso es. ¡Cualquiera, pero háganlo! (Espero que sepan que estoy sonriendo mientras escribo esto.)

Es probable que la mayoría de las mujeres digan que les gustaría tener un poco más de romance en su matrimonio. Como dice Amy (lee su contribución al final de este capítulo), ¿qué las detiene? ¡Prueben con un poco de romance! «Traten ustedes a los demás tal y como quieren que ellos los traten a ustedes» (Mateo 7.12).

Señoras, todo lo que ustedes tengan, les puedo asegurar que se ve mejor en seda que en franela. Así que desechen esa raída bata de baño vieja que han estado usando como si fuera un uniforme. Consigan ropa interior bonita. Actualmente hay una gran cantidad de opciones cómodas (eso me han dicho). Busquen una niñera para sus hijos y salgan de cita con su esposo. Preparen un baño. Denle un masaje en la espalda. Pongan un poco de música. Tal vez podrían poner algo de Marvin Gaye: «¡Hagámoslo!».

Tal vez estén pensando: *Bueno, todo eso suena muy bien, Craig. Pero no tenemos tiempo para esa clase de cosas. Tenemos niños pequeños. En realidad, no tenemos dinero suficiente para salir a algún lugar en estos momentos.* En ese caso, pongan en la televisión un video de *Dora la Exploradora*, váyanse a su habitación sin que sus hijos lo noten, y cierren con llave la puerta. Apilen unas cuantas almohadas frente a la puerta para amortiguar los ruidos. «¡Pronto! Solo tenemos veinticinco minutos. ¡Ve, Diego, ve!».

Lo que estoy tratando de decir es que se diviertan; que tengan una buena diversión ombligo a ombligo, como en los viejos tiempos. Sinceramente, me gustaría recibir de algunas de ustedes una tarjeta postal dentro de nueve meses y medio, para anunciarme la llegada de su hermoso bebé recién nacido.

UNA ALIANZA DE INTIMIDAD

Damas, enseriémonos por un minuto. Hablando en general, no creo que nadie discuta que la mayoría de los hombres tienden a desear la intimidad física con más frecuencia que las mujeres. Así que deben comprender que cuando ustedes cierran ese grifo y las cosas comienzan a secarse, para su esposo eso es una crisis. Es el equivalente a la aflicción que ustedes sienten cuando hay silencio; cuando no hay intimidad emocional entre ustedes. Es una crisis. Una de las formas más importantes en las que se pueden demostrar mutuamente su amor es la renovación de su compromiso espiritual mutuo por medio de actos amorosos físicos. El sexo es algo espiritual. Consiste en que dos personas se convierten en una por medio de una alianza de intimidad. Es una bendición de Dios; una forma en que genuinamente se pueden servir el uno al otro.

Hay algo más que deben tener en cuenta. Si tú no estás satisfaciendo las necesidades sexuales de tu esposo, ¿cuáles son las consecuencias más probables? A fin de cuentas, tú eres su única opción legítima en cuanto a la satisfacción sexual. Cualquier otra cosa que pueda hacer es pecaminosa. (Y si eres hombre, lo mismo te digo. Si no estás satisfaciendo las necesidades de tu esposa en cuanto a intimidad física, entonces la estarás empujando a pensar en otras opciones.) No se equivoquen: una de las cosas más grandes que pueden hacer el uno por el otro es tener relaciones sexuales frecuentes, creativas y espirituales. Es un don de Dios que lo honra a él, porque están renovando el pacto espiritual que existe entre los dos.

Tal vez estés pensando: *¡Pero es que él es un idiota! En realidad ahora mismo no me agrada mucho, y no me gusta que me digas que debo tener relaciones sexuales con él.*

Te comprendo. Cuando alguien hiere tus sentimientos, alejándose de ti, rechazándote o criticándote, es lógico que no quieras ni siquiera estar cerca de esa persona. Lo entiendo. Es posible que seas una mujer casada con un idiota que solo se interesa en su propia persona. O tal vez seas un hombre casado con una mujer controladora y manipuladora. Sin duda alguna, esos son problemas serios que no quiero pasar por alto.

Tal vez te sea sumamente difícil leer lo que voy a decir ahora. Es posible que vaya en contra de lo que sientes. Pero déjame hablar, por favor. Aunque no tengas deseos de estar físicamente cerca de tu pareja, es necesario que recuerdes que los sentimientos siguen a las acciones. Apocalipsis 2.5 dice: «¡Recuerda de dónde has caído! Arrepiéntete y vuelve a practicar las obras que hacías al principio». Si quieres lo que una vez tuviste, comienza a hacer lo que una vez hiciste. Te casaste porque te estabas divirtiendo. Comienza a divertirte de nuevo. Busca a Dios. Busca al Uno junto con tu dos. Pelea limpio. Hubo un tiempo en que te divertías. Puedes hacerlo de nuevo. Desarrolla la creatividad. Haz de ella una prioridad.

«¡Pero si no me gusta! Además, en el trabajo hay un compañero mío que pienso que puede satisfacer mis necesidades emotivas, ¡y hasta es más apuesto que mi esposo!».

O tal vez: «En el gimnasio hay una joven que parece ser mucho más divertida que mi mujer!».

Si la hierba parece más verde en otra parte, es hora de que riegues tu propio patio. Invierte en el matrimonio que Dios te ha dado. Disfruta la vida con la esposa con la que Dios te ha bendecido. Aunque te parezca que la distancia entre esta situación y la otra es demasiado larga, recuerda: «Para Dios todo es posible» (Mateo 19.26). A partir de este día, busquen juntos a

Dios. Él les dará lo que quiere que tengan, cuando hagan lo que es correcto para darle honra.

Y darle honra a Dios en el matrimonio debería ser sumamente divertido.

EL PUNTO DE VISTA DE AMY

Sé que Craig te ha estado diciendo que él y yo nos hemos divertido juntos grandemente a lo largo de los años. Pero esos momentos de diversión no han brotado de manera espontánea. Hemos tenido que actuar de modo realmente deliberado en cuanto a nuestra forma de emplear el tiempo que estamos juntos. Antes de tener hijos, cuando teníamos tiempo de sobra, solíamos disfrutar de unos estupendos y prolongados juegos de ajedrez... sí, en serio. Y, por supuesto, nos pasábamos la mayor parte de ese tiempo conversando. Ahora, aunque sea algo tan sencillo como salir a caminar juntos, jugar al tenis, o incluso de vez en cuando hacer ejercicios juntos, esas oportunidades que aprovechamos para disfrutar tiempo mutuamente evolucionan para convertirse en unas asombrosas conversaciones que edifican nuestra relación.

Después de veintitantos años (y de paso, un poco raros) de matrimonio (Craig, solo estoy bromeando), sé que nuestro matrimonio es más fuerte que nunca, porque continuamente le damos prioridad al tiempo dedicado a disfrutar el uno del otro. Siempre hemos sido los mejores amigos. Y puesto que decidimos invertir continuamente en conectarnos de nuevo, esperamos permanecer unidos.

Las distracciones se han descontrolado por completo. La vida sigue su curso. Y lamentablemente, hemos tenido que aprender con rudeza lo importante que es resguardar nuestros tiempos en que estamos juntos. El que no haga esto puede estar seguro que verá un impacto negativo cada vez mayor en su relación. Cuando los esposos no pasan tiempo juntos, son esos detalles de comunicación —al estilo taquigráfico— entre los dos los que sufren. Las preocupaciones compartidas, los chistes que solo nosotros entendemos, la forma en que uno se sintoniza con los sentimientos del otro. Cuando se pierden esas cosas, se crea una distancia entre los dos, distancia que ambos pueden sentir en el corazón.

Creo que el consejo más importante que yo les podría ofrecer a las parejas es este sencillamente: tengan prioridades en su agenda. El tiempo valioso que pasen juntos es crucial para que su relación prospere. Si se descuidan el uno al otro, aunque solo sea por poco tiempo, lo más probable es que su relación sufra de manera significativa a causa de ese descuido. Para que sus lazos matrimoniales sean más fuertes, es necesario que actúen de manera deliberada. Si te encuentras en una época realmente agitada, comprende que eso es normal. Sin embargo, no te conformes con lo normal. Acepta la responsabilidad de invertir en tu romance. Trázate un plan. Ponlo en tu agenda. Y después llévalo a cabo.

¿Qué fue lo primero que los atrajo el uno al otro? Seguramente sería la diversión, ¿no es cierto? No importa cómo sientan las cosas ahora, en el principio nunca les bastaba con el tiempo que tenían juntos. Creo que la clave por la cual eso era cierto es que andaban buscando la forma de conocer y darse a conocer. Tienen que esforzarse para mantener eso vivo, separando tiempo para ambos ahora, tal como lo hacían al principio. Crear momentos divertidos para pasarlos juntos influye de manera positiva en todos los demás aspectos de su matrimonio.

La intimidad física está directamente relacionada con el proceso de crecer juntos y puede ser un buen indicador del grado de salud que tiene su relación, o todo lo opuesto. Es más, si la intimidad física ha sido un problema últimamente en su matrimonio, estoy segura de poder decir que han descuidado el mantenerse emocionalmente conectados de otras formas.

Comprendo que algunas veces uno de los dos puede traer consigo una carga que procede de su pasado y, si ese alguien eres tú, te ruego que busques la sanidad por medio de Cristo. Dios puede renovar tu mente y tu corazón por completo a través de su Palabra viva y poderosa. Lo sé. Él lo hizo conmigo.

Lo cierto es que la intimidad física en tu matrimonio es algo santo. Es una forma poderosa de crecer ambos en Cristo y una manera magnífica de ministrarse amor uno al otro. Cuando evitan una intimidad física saludable, se están hiriendo ambos, lo cual podría hacer que la negatividad se infiltrara en otras partes de su relación.

Así que dales prioridad a los tiempos de diversión en su matrimonio. Sé tú quien haga el cambio. Aspira a volver a ese punto en el que eran los mejores amigos, reían juntos, se abrazaban y se miraban el uno al otro en busca de consuelo y de gozo. Si puedes ser sincera contigo misma, eso es lo que quieres en realidad, ¿no es cierto? Entonces, ¿qué te está deteniendo?

¡Dios quiere que tengan diversión en su matrimonio!

MANTENERSE PUROS

*Qué feliz y santo es que aquellos que se aman mutuamente
descansen sobre la misma almohada.*
— **Nathaniel Hawthorne**

Cuando llevábamos cuatro o cinco años de casados, hice algo
realmente tonto que hirió a Amy. (Ya sé; es difícil creerlo.)
Estaba en nuestra habitación viendo televisión, mientras Amy
estaba cepillándose el cabello en el baño contiguo. Yo estaba
sentado en nuestra cama con el control remoto, cambiando de
canales. (Como cualquier hombre te puede decir, no se trata de
que queremos saber lo que hay en la televisión, sino de las *otras*
cosas que están pasando en ella.) Aunque Amy podía escuchar
desde donde estaba que yo estaba recorriendo los canales, no
podía ver el televisor. Ni siquiera le estaba prestando atención a
mi recorrido por los canales... o eso creía yo.

Así que seguí cambiando de canales: baloncesto, *clic*, golf, *clic*, pesca, *clic*, infomercial, *clic*, jovencitas danzando en bikini en una playa... espera un segundo. Y vacilé. Después de quedarme viendo ese canal varios segundos, con la mente divagando un poco (sin mencionar los ojos), seguí: un programa de policías, *clic*, el informe del tiempo, *clic*, un programa de ciencia, *clic*.

Unos minutos más tarde. Amy salió del baño. Caminó hasta la parte de la cama donde yo estaba sentado y se sentó de frente a mí. Al principio no dijo nada. Se quedó allí sentada, mirándome a los ojos. Yo dejé de cambiar canales y la miré. Así estuvimos allí sentados, cada cual con su mirada fija en el otro, en un extraño silencio durante un largo e incómodo tiempo.

Finalmente, Amy rompió el silencio. «¿Por qué te detuviste en ese canal?».

En su voz noté que se sentía herida. Mi mente se movía con rapidez, ofreciéndome todas las mentiras que le podía decir al responderle. «¡Dile que se te atascó el control remoto!, o dile: "¿Qué? ¿Te refieres a ese programa de música? Yo pensé que había reconocido esa canción, así que me detuve para ver si podía recordar cuál era"».

Por supuesto, ambos sabíamos cuál era la verdad.

No pude sostener el contacto visual con ella. Apagué el televisor y bajé la vista al edredón. Entonces dije débilmente: «No debí hacerlo. Lo... lo siento».

Ella extendió el brazo y me puso la mano debajo de la barbilla, levantándome con delicadeza el rostro hasta que nuestros ojos se volvieron a encontrar. Noté que tenía los ojos aguados, llenos de unas lágrimas que aún no se habían derramado.

Eso fue todo lo que pude hacer para soportar su mirada sin llorar. Me sentí enfermo por dentro. Entonces ella me hizo una pregunta que nunca olvidaré mientras viva. Me preguntó en voz baja: «Bueno... ¿Valió la pena?».

EL PRECIO DEL PLACER

«¿Valió la pena?». Ahora bien, es posible que estés pensando que sabes la respuesta correcta a la pregunta de Amy, tanto para mí como para cualquier otro que estuviera en mi situación, enfrentándose a la tentación. Sin embargo, al parecer, existe un inmenso abismo entre conocer la respuesta correcta y vivirla.

Es probable que sepas que son millones las personas que tienen esperanzas, sueñan y hacen planes para casarse algún día. Tal vez seas tú uno de ellos, o puedes recordar los tiempos en que lo eras. Invierten una cantidad enorme de energía en hallar a esa persona especial a la que quieren entregarse para amarla por el resto de sus vidas. (Tal vez sea esa la razón por la que estás leyendo este libro.) Gastan grandes cantidades y dedican un número incalculable de horas a la planificación de todos los aspectos para tener una boda perfecta.

Aunque todas las parejas comprometidas que conozco tienen planes de llevar juntos una maravillosa vida de casados, no conozco a muchos que tengan planes para traicionar a su pareja cometiendo adulterio. O que tengan una intensa adicción a la pornografía. O una amiga con beneficios. Pero a partir de las evidencias estadísticas y, sin mencionar todo el refuerzo positivo que les ofrece nuestra cultura, ha llegado a ser aceptado e incluso esperado que todo el mundo necesita hacer todo lo que le haga feliz. Ya se trate solamente de «una pequeña aventura por la izquierda», o de un flirteo descarado o del apego emocional a alguien que conocemos por la Internet o de la adicción a las imágenes eróticas; todo el mundo se quiere sentir bien. Todos queremos explorar nuestras fantasías y sentirnos sexualmente satisfechos, ¿no es cierto? Caray, estamos en el siglo veintiuno. ¡Tenemos derecho a todo eso!

¿Ya logré captar tu atención? Nadie diría nunca que está haciendo planes para que sucedan estas cosas absurdas y descontroladas en su vida. (Al menos, nadie que respetemos.) Y sin embargo, las estadísticas nos dicen que hasta el setenta y cinco por ciento de las personas se enredan al menos en una de esas formas de conducta en algún momento posterior al matrimonio. (Y hay quienes terminan involucrándose en más de una.) ¿Cómo es eso posible? ¿Cómo es que nadie parece *planificar* la entrega a unas actividades que poseen el potencial de dañar de manera significativa, o incluso destruir, su matrimonio (y hasta su vida), y sin embargo la mayoría de la gente —*la mayor parte de la gente*—, termina allí, a pesar de todo?

¿Sabes a qué es lo que más atribuyen las parejas de novios ser causa del rompimiento de su noviazgo? A la infidelidad. Una persona que engaña a la otra. Y sin embargo, para eso es precisamente para lo que nuestra sociedad está entrenando a la gente: para que sean mutuamente infieles.

La mayoría de las personas no parecen darse cuenta de que el abismo que hay entre conocer lo que es correcto y hacerlo está lleno de arena movediza. En vez de construir un puente sólido y firme por medio de un compromiso compartido de mantenerse diariamente puros y fieles el uno al otro, una gran cantidad de personas piensan que pueden hallar su propio camino para atravesar ese abismo. Y, con cada paso que dan, se hunden un poco más en un pantano maloliente y encharcado. Entonces un día se hunden por completo y pierden la dirección. Olvidan que cada pequeño paso que den hacia su propio placer los aleja un poco más de la santidad de su matrimonio. Cada texto, cada conversación seductora, cada portal de la Internet, cada vez que pinchan el ratón de la computadora, cada fantasía sexual.

Tal vez te ayude recordar que esas decisiones no son solo venenos que se han metido en tu matrimonio, sino también toxinas en tu relación con Dios. Es posible que Hebreos 13.4 sea el mejor versículo de la Biblia entre los que hablan directamente de la pureza en el matrimonio: «Tengan *todos* en alta estima *el matrimonio y la fidelidad conyugal*, porque Dios juzgará a los adúlteros y a todos los que cometen inmoralidades sexuales» (cursiva del autor).

Todos debemos honrar al matrimonio. ¿Qué significa aquí la palabra «todos»? No se trata de una pregunta capciosa. Significa que si estás casado, Dios espera de ti que honres el pacto que es tu matrimonio. Lo que también significa es que si *no* estás casado, Dios sigue esperando de ti que honres el pacto del matrimonio. Dios aún espera de ti que honres el pacto del matrimonio. Por decirlo claramente, la pureza le interesa a Dios. Y es importante en tu matrimonio, tanto si se trata del que tienes ahora mismo, como si se trata del que esperas tener un día. Todos podemos estar de acuerdo en esto, ¿no es cierto?

Entonces, permíteme que te haga otra pregunta. ¿Crees que el adulterio es algo incorrecto? De nuevo te digo que no es una pregunta capciosa. Es probable que la mayoría de nosotros tengamos que estar de acuerdo en dar una respuesta positiva. En efecto, según un estudio reciente, el noventa por ciento de los estadounidenses dijeron que les parecía que el adulterio *siempre* es incorrecto. Y mira esto: hace unas décadas, ese número era en realidad más bajo de lo que es hoy. Esto significa que en la generación anterior el porcentaje de personas que creían que el adulterio podía ser potencialmente aceptable bajo ciertas circunstancias era menor que el actual. Ahora bien, hay algo más extraño aún: aunque hoy son más las personas que afirman que el adulterio es algo incorrecto, también son más las personas que están cometiéndolo.

Según un estudio llevado a cabo por la Universidad de California en San Francisco, en la década que transcurrió entre 1998 y 2008, el porcentaje de personas que cometían adulterio en Estados Unidos fue más del doble del que se registró en la década anterior. Espero que estas estadísticas te alarmen a ti tanto como a mí. Está claro que llevamos un rumbo equivocado. Antes de poder buscar la forma de invertir ese rumbo, creo que primero necesitamos ver la razón por la cual estas cosas están sucediendo. Aunque yo diría que hay muchísimas razones por las cuales es mayor el número de personas que cometen adulterio hoy, que en el pasado, vamos a centrarnos en unos aspectos que nosotros tenemos el poder de controlar.

ENTRENAMIENTO PARA EL DIVORCIO

Sencillamente, la primera razón por la que hoy son más las personas que cometen adulterio, es que nos enfrentamos a más tentaciones que la gente del pasado. No solo hay más modos de meterse en problemas en estos tiempos, sino que las formas ante las cuales podemos ceder son más fáciles de aprovechar que en el pasado.

No te puedo decir la cantidad de veces que hemos trabajado en nuestra iglesia con parejas en las cuales uno de los dos ha caído en una aventura extramarital que comenzó como un «inofensivo» intercambio de palabras por la Internet. Tanto si parece tan inocente como seguir en Twitter a alguien que comparte tu sentido del humor, como si se trata de encontrarse con un viejo amor en Facebook, o ver las fotografías de esa chica tan bella en Instagram, eso es solo la carnada. Lo que comienza como un placentero intercambio raras veces se queda en ese punto.

No, al final terminas haciéndolo privado, con un chat o alguna otra clase de mensaje. La primera vez es posible que hasta te sientas avergonzado, borres todas las evidencias y te prometas a ti mismo que nunca más lo vas a hacer. Sin embargo, al cabo de un tiempo, a menos que consigas ayuda y aceptes ser transparente, aquello te va a seguir llamando, incluso cuando no estés en la computadora, hasta que te enganche el anzuelo. La mayoría de esas oportunidades de caer en las tentaciones ni siquiera existían hace diez años.

Pero la culpa no es de Facebook. Es nuestra.

Facebook, Twitter e Instagram solo son tres ejemplos. Hay una cantidad incalculable de formas de meterse en problemas con la Internet. Hay portales enteros dedicados a ayudar a las personas a hacer trampas y tener aventuras discretas. Te puedes meter en Craigslist para comprar un televisor, unas ruedas usadas o una prostituta. (Solo para que lo sepas, no tengo nada que ver con Craiglist. Se trata de otro Craig totalmente distinto.)

Me parece que los teléfonos inteligentes y las computadoras de tableta pueden hallarse entre los peores transformadores en el juego de las tentaciones. Cuando yo era muchacho, si querías ver pornografía, era necesario que tuvieras un amigo cuyo padre o hermano mayor tuviera una pila de revistas en algún lado. Entonces, tenías que ponerte a buscar hasta encontrarlo, y mantener en secreto que conocías su existencia.

Ahora puedes tener once años de edad y tener un teléfono inteligente (o un amigo que te preste uno), y te hallas a unos cuantos golpecitos con la punta del dedo de encontrar todo lo que te puedas imaginar, y mucho que ni siquiera te querrías imaginar. No solo eso, sino que puedes cargar contigo ese fácil acceso a la pornografía las veinticuatro horas del día. ¡Qué cómodo! Me parece que esta clase de tentación está derrumbando gente todos los días, destruyendo sus relaciones y su vida misma.

Otra razón por la que creo que hoy existen más tentaciones, es porque la gente está esperando más tiempo para casarse. Aunque por supuesto, no tiene nada de malo casarse más tarde, cuando nuestra cultura está llena con tanta gente que está esperando más tiempo para casarse, cambia fundamentalmente la dinámica de lo que significa ser «soltero».

No se trata de nada de ciencia espacial. Cuando las personas se casan más tarde, lo típico es que hayan tenido noviazgo con un número mayor de personas. Pero incluso si te has comprometido a tener relaciones puras solamente, salir con más personas significa enfrentarse a un número mayor de tentaciones; a más oportunidades para poner en peligro tus normas. Si hasta los mejor intencionados ceden (y las estadísticas dicen que así va a ser en la mayoría de los casos), entonces salir de cita con más gente significa que van a terminar teniendo más compañeros en su vida sexual. Lo que significa que cuando te cases, vas a estar llevando contigo un bagaje mayor a ese matrimonio.

¿Te has preguntado alguna vez por qué las separaciones son tan dolorosas en estos tiempos? Es porque las personas que no están casadas hacen cosas de personas casadas. En realidad, es algo muy predecible. Haces cosas de personas casadas con una, o dos, u ocho, o doce, o diecisiete personas distintas. Por tanto, un día, cuando al fin tienes tu cónyuge «real», si las cosas se ponen difíciles, ¿qué sucede? Que regresas de manera natural a todo ese entrenamiento que te has estado dando a ti mismo a lo largo de los años: haces algo para minimizar tus pérdidas y te marchas. Y todo el tiempo que estuviste con todos esos «amantes», solo estuviste practicando para el divorcio. Y ni siquiera te diste cuenta.

Como ya hemos visto, la norma de Dios es que todos mantengamos puro el lecho matrimonial. Esa expresión es bastante directa. Significa que las «cosas de casados» les están reservadas a las dos personas que componen el matrimonio. Sin embargo, en nuestra cultura, aunque sabemos que no es lo que Dios quiere, la mayoría de las parejas hacen una gran cantidad de esas cosas de casados sin comprometerse en matrimonio. Se dicen cosas como «¡Cariño, te amo! Eres la única para mí... por ahora. Técnicamente, me imagino que eres... déjame pensar... ¿la número dieciséis? No. La diecisiete que ha sido "la única". Hasta el momento. Pero tú eres mi única *por hoy*. Con eso basta, ¿no es cierto? Te amo».

Todos hemos visto esto en las relaciones de algunos de nuestros amigos, aunque hayamos decidido no hacerlo nosotros. Ya sabes de lo que te estoy hablando. Todo comienza con unas citas «formales», pero si se gustan el uno al otro, se produce una progresión sencilla e inevitable de aquello que se considera como aceptable, basada primordialmente en la atracción física. Una cosa lleva a otra, hasta que se encuentran tratando de ganar una medalla en la categoría de Parejas de Gimnastas Desnudos. (No finjas que te sientes avergonzado. Tú sabes que es cierto.)

Y ahora que hablamos de tus amigos (puesto que no estamos hablando de ti, por supuesto), necesitas aprender a reconocer los malos consejos que te ofrecen ellos acerca de tus relaciones. Si tu amigo te dice: «Nadie compraría un auto sin sacarlo primero para probarlo, ¿no es cierto?», yo te animaría a contestar algo como esto: «¡Claro que no! Además, no sé si tú lo has notado, pero los autos y las personas no tienen nada en común. ¿Qué te pasa? ¿Te volviste loco?».

Las personas están vivas. Los autos no. Los seres humanos tienen sentimientos. Mente. Alma. Un auto nunca va a llegar a sentir un apego emocional hacia ti (y tú tampoco deberías sentirlo). Y cuando deseches el auto dentro de unos cuantos años, porque tiene demasiado kilometraje, y hay un nuevo modelo que acaba de salir y que te gusta más, no le vas a herir los sentimientos al auto viejo. Además, no vas a sentir remordimiento ni culpa en cuanto a la forma en que usas los autos y después los desechas, preocupándote constantemente de que es probable que cuando mueras, ya no tengas uno. No; solo existe un lugar donde ir para probar un auto antes de comprarlo: la agencia de automóviles.

EL ENVENENAMIENTO POR COMIDA

Teniendo en cuenta estas contribuciones, pensemos en lo que podemos hacer con respecto a ellas. Básicamente, existen dos clases de pureza: la interna y la externa. La pureza interna es lo que está sucediendo en nuestro corazón; las cosas acerca de las cuales tomamos la decisión de pensar y las cosas que sentimos. La pureza externa es nuestra conducta, las cosas que decidimos hacer y las que decidimos *no hacer*. Comencemos desde fuera hacia dentro.

Pablo escribe: «Entre ustedes *ni siquiera* debe mencionarse la inmoralidad sexual, *ni ninguna clase* de impureza o de avaricia, porque eso no es propio del pueblo santo de Dios» (Efesios 5.3, cursiva del autor). Esto significa que nadie debería poder ver en nuestra conducta nada que le diera ni siquiera la más ligera impresión de que nos estamos dedicando a nada inmoral o impuro. ¿Por qué solo un poco seguiría siendo demasiado? Porque la impureza es como el veneno; incluso un poco de veneno sigue siendo demasiado. Solo hace falta un poco para matar tu matrimonio. No debes admitir *ninguna* cantidad de veneno en él.

Piensa en esto. No se trata de algo como: «Eh, mira, ¡hay un poco de polvo en el agua del vaso!». No; más bien es esto: «¡Oye! ¡Tengo veneno para ratas en el agua!». (Sabe mal, aparte de que te puede matar.) No se trata de que tu puré de papas haga contacto con tu pollo frito. Más bien es como si un gato con diarrea hubiera hecho sus necesidades en tu plato y se hubiera marchado. Sé que esto produce una imagen visual absolutamente horrible y repugnante. ¡Esa es la idea! Quiero que recuerdes lo horrible que es el que tengas *cualquier* clase de impureza en tu matrimonio, por muy *poca* que sea.

No puedo imaginar que alguien desee tener nada que ver con un plato de comida repugnante que un gato ha echado a perder. Es lo mismo que llevar a un nuevo nivel el envenenamiento por los alimentos. Deberías tener unos sentimientos igualmente fuertes en cuanto a permitir una pizca de inmoralidad en cuanto a tu relación con tu pareja.

Y para que todo quede bien aclarado, vamos a hacer un rápido examen sobre lo que constituye esta clase de veneno en tu matrimonio. Te voy a dar un escenario, después tú mismo decidirás si te parece que califica como «un indicio de inmoralidad sexual». Responde con sinceridad y no te pongas demasiado engreído, que el nivel de dificultad va aumentando, y te podría tocar muy de cerca. ¿Listo? Comencemos.

Estás casado y tienes una relación sexual en la oficina con alguien que no es tu cónyuge. Es indicio de inmoralidad sexual: ¿sí o no?

La respuesta es sí.

Estás casado y tienes relaciones sexuales con la niñera de tus hijos. Indicio de inmoralidad sexual: ¿sí o no?

Por supuesto que sí.

Estás casada y tienes relaciones sexuales con el joven bien parecido que te limpia la piscina. Solo para hacer esto un poco más difícil, digamos que tiene un abdomen perfecto de levantador de pesas. Y no usa camisa. Indicio de inmoralidad sexual: ¿sí o no?

Traté de confundirte con esta, pero la respuesta sigue siendo que sí.

Digamos que te pones a mirar un portal llamado «Pollitos calientes y salvajes» mientras estás en el trabajo. Indicio de inmoralidad sexual: ¿sí o no?

A menos que se trate de un portal dedicado solo a recetas de pollo frito, la respuesta sigue siendo sí.

Mantienes una lujuria secreta con Angelina Jolie. O Brad Pitt. O las jóvenes que aparecen en las repeticiones de los episodios de Baywatch. *O ese juguete masculino que hay en One Direction. O todo lo anterior. Indicio de inmoralidad sexual: ¿sí o no?*

Aquí se trataría de un delito capital en todos los cargos.

Digamos que te vistes a la moda, con ropa ajustada al cuerpo y mostrando parte de los senos. Podrás alegar que está «a la moda», o que es «sexy» si quieres, pero tú sabes de lo que estoy hablando. Tal vez hasta trates de alegar que solo estás exhibiendo lo que Dios (o tu cirujano plástico) te dio. Aun así, ¿qué me dices? *Vestir de manera provocativa, es indicio de inmoralidad: ¿sí o no?*

Bueno, sí.

Ahora bien, no me malinterpretes. No te estoy diciendo que no uses ropa que te dé un aspecto agradable, ni que no debas hacerte una cirugía plástica. Sinceramente, no es eso lo que me interesa. Lo que te estoy diciendo es esa *razón* por la cual usas lo que usas, o te haces esas cirugías, es lo que importa, y mucho. Aunque no lo estés haciendo porque quieres tener relaciones sexuales con alguien que no es tu cónyuge, con todo, sigues haciendo algo que en 1 Corintios 8.9 se califica como «motivo de tropiezo para los débiles». Estás haciendo que tu hermano o hermana caiga en pecado. Y cuando haces algo así, sobre todo si lo haces consciente, no solo estás pecando contra esa persona.

La Palabra de Dios te dice que estás pecando contra Cristo. Eso es algo muy serio. Así que decididamente, vestirse de manera provocativa no es conservar puro el lecho matrimonial.

¿Y si estás fuera, en un viaje de negocios, sin tu cónyuge, sales y bailas un poco atrevidamente (en realidad, ni siquiera bailas de una manera inmoral)? Sigues con la ropa puesta y nadie salta sobre una mesa en ningún momento. Solo que se trata de que te gusta bailar y que la gente te note. Además, bailar es un buen ejercicio. Indicio de inmoralidad sexual: ¿sí o no?

Sí. Si quieres hacer ejercicio, ponte ropa ancha que te haga sudar y sal a correr. Te estás poniendo en un lugar tentador, y sencillamente, eso es una imprudencia.

Oyes hablar de un libro muy picaresco que acaba de salir al mercado y que todos tus conocidos están leyendo; digamos que se trate de Cincuenta sombras de lo que sea. *O tal vez el grupo de lectura de tu vecindario lo está leyendo. ¿Qué te parece? ¿Lo deberías leer tú también? ¿Sería eso un indicio de inmoralidad sexual?*

Por supuesto; cincuenta sombras de sí.

Permíteme decirte por qué pienso que esto es una inmoralidad sexual. Tal vez lo trates de justificar, pensando que le puede añadir fuego a tu matrimonio o algo así. Pero eso es todo lo que hay: lo estás justificando. Tú sabes la verdad: es pornografía para mujeres. No te gustaría que tu esposo leyera algo de ese tipo, ¿no es cierto? Claro que no. ¿Y por qué no? Porque no es más que excremento de gato. Es venenoso para tu matrimonio. En la economía de Dios no hay cincuenta sombras de gris. Solo hay blanco y negro. Solo hay lo correcto y lo incorrecto. Si lo que dije te parece antiguado o extremista, lo siento. Solo recuerda que necesitas pensar sobre esto de la siguiente manera: nadie quiere veneno en su matrimonio; ni siquiera «un poquito».

MEDIDAS EXTREMAS

No se trata solamente de tener el cuidado de no añadir nada venenoso; también hay que evitar esas cosas que se pueden convertir en venenosas con facilidad. Los científicos le llaman a eso «toxicidad latente». Es la capacidad que tienen ciertas sustancias de convertirse en venenosas bajo ciertas condiciones. A veces se trata de unos efectos acumulados a lo largo de un tiempo. Otras veces se produce bajo ciertas condiciones como la presión o la temperatura. Medita en la advertencia que hace Pablo acerca de esos peligros: «Huyan de la inmoralidad sexual. Todos los demás pecados que una persona comete quedan fuera de su cuerpo; pero el que comete inmoralidades sexuales peca contra su propio cuerpo» (1 Corintios 6.18).

¿Nos dice que flirteemos con la inmoralidad sexual? ¡No! Nos dice que huyamos de ella. No te limites a alejarte de ella sin apuro alguno. ¡Corre! ¡Apresúrate! Da media vuelta y echa una carrera. ¡Corre, Forrest, corre! Aléjate con tanta rapidez como te sea posible. Enséñale tus luces traseras y no mires atrás.

Tal vez estés pensando: *Todo esto es absurdo. Se trata de mi propio cuerpo. Yo puedo hacer con él lo que se me venga en gana.* Y, ¿sabes una cosa? Eso es cierto. Si no sigues a Cristo, puedes hacer cuanto te venga en gana. En cambio, si te calificas a ti mismo de cristiano, entonces te tienes que regir por unas normas diferentes. No te puedes poner a decir: «Este cuerpo es mío. Yo puedo hacer con él lo que quiera». Ciertamente, Pablo previó que habría personas que se enfurecerían por lo que él estaba diciendo: «¿Acaso no saben que su cuerpo es templo del Espíritu Santo, quien está en ustedes y al que han recibido de parte de Dios? Ustedes no son sus propios dueños; fueron comprados por un precio. Por tanto, honren con su cuerpo a Dios» (1 Corintios 6.19–20).

O reflexiona en esto que dijo otra persona que era excelente en cuanto a presentar ideas. Te hablo de Jesús: «Si tu ojo derecho te hace pecar, sácatelo y tíralo... Y si tu mano derecha te hace pecar, córtatela y arrójala. Más te vale perder una sola parte de tu cuerpo, y no que todo él vaya al infierno» (Mateo 5.29–30). ¿Estaba hablando de manera literal? Ciertamente, tengo la esperanza de que no. Si así fuera, tendríamos a nuestro alrededor una inmensa cantidad de cíclopes tambaleándose con un solo brazo. Y además, si solo te queda el ojo izquierdo, y entonces *ese ojo* hace que peques... ¡Que Dios te ayude!

No, yo no creo que Jesús estuviera hablando en un sentido literal. Creo que nos estaba tratando de comunicar lo crítico que es todo esto. Estaba diciendo que necesitamos enfrentarnos muy seriamente con *todo* lo que pueda hacer que pequemos. Tenemos que huir de todo eso. O mejor aún, empecemos por no acercarnos siquiera a esas cosas. Se trata de un veneno radioactivo.

No sé con precisión el aspecto que tendría esto para ti, pero sí te puedo hablar de algunos límites que me he fijado en mi propia vida. Lo primero que he hecho es asegurarme de que nunca estoy solo con una mujer que no sea mi esposa o una de mis hijas. Bajo ninguna circunstancia. En una cita para dar consejería, nunca estoy solo con una mujer. No monto con una mujer ni cinco minutos en un auto. No me reúno con una de ellas para una cita de negocios en un restaurante. Nada. Sencillamente, he tomado la decisión de no estar nunca solo con una mujer que no pertenezca a mi familia. Y me mantengo firme en este principio.

Otra salvaguardia que me he fijado es que toda la actividad que ocurre en todas las computadoras que utilizo es monitoreada, ya sea en el trabajo o en casa. La programación transparente que uso les envía un informe acerca de todas las veces que pincho un enlace con el ratón a dos hombres distintos. Ambos tienen autoridad para despedirme si notan que estoy mirando cosas que pueden dañar mi integridad, mi matrimonio o mi relación con Dios.

Tengo además dos compañeros ante los cuales rindo cuentas y asumo responsabilidad. He oído decir a algunos hombres: «Mi esposa es la persona a la que rindo cuentas». La mía no lo es. No solo me parece que no es buena idea, sino que sinceramente pienso que no es justo con ella. Poner sobre sus hombros esa clase de carga es crearle una situación realmente incómoda. Y tan malo como eso es el hecho de que afecta a la dinámica de nuestra relación de una manera negativa. No; mis dos compañeros ante los que asumo mi responsabilidad son hombres que están dispuestos a ser francos y sinceros conmigo. Tal vez te preguntes: «¿Por qué dos hombres?». Porque necesito alguien que me pueda dar una buena patada por el trasero si la necesito, y la mayoría de los hombres no me pueden dar una patada en el trasero sin ayuda de alguien. Así que busqué dos hombres con los cuales pudiera contar.

Otra cosa que he hecho es restringir la capacidad de mi teléfono móvil. ¿Recuerdas cuando te señalé los peligros que significa llevar consigo el acceso a la Internet las veinticuatro horas del día? Bueno, yo tengo bloqueos y restricciones que se han hecho en mi teléfono, y cuyos códigos solo esos dos compañeros (controladores) conocen. El buscador original del teléfono está bloqueado y también lo están ciertas aplicaciones que me podrían tentar a mirar cosas que debo evitar. Tengo instalado un buscador de la Internet que es especial. Aunque me permite llegar a la Internet cuando lo necesito, la filtra de manera que solo entre a los sitios a los que puedo entrar. Y también les envía a mis compañeros controladores un informe de todo lo que veo.

CUIDADO CON LOS RESQUICIOS

Tal vez todo esto te parezca extremo (lo cual no me molesta en absoluto). Puede que luzca muy problemático. Y realmente inconveniente cuando estás tratando de encontrar algo legítimo (como recetas de pollo frito o fotografías de panqueques para el desayuno). Decididamente. Quizá la pregunta obvia sea: «¿Así que tú eres *tan* débil y vulnerable, Craig, que si no hay nadie mirándote, verías cosas inmorales o impuras?».

Te puedo decir con toda sinceridad que la respuesta es esta: «No, en realidad no». En este momento, mientras escribo estas líneas, y estoy pensando en esas cosas, me encuentro en una posición realmente buena. Estoy firmemente decidido. Me siento seguro en la relación que tengo con Cristo, todo marcha realmente bien. Entonces, ¿para qué molestarte? Porque si eres sincero, saber que no todos los momentos de la vida son así. ¿No es cierto? Lo mismo sucede conmigo. A veces me siento cansado. A veces me han herido en mis sentimientos, o me enojo, o me siento como que no estoy recibiendo todo lo que me merezco. Ya sabes, como cualquier otra persona. Y entonces, en esos fugaces momentos de debilidad, todas las puertas de la tentación a las que yo podría tratar de acercarme de no ser así las cosas, se hallan completa, total y firmemente cerradas. El Craig fuerte de este momento está cuidando del Craig débil de esos otros momentos.

Te recomiendo que hagas lo mismo. Tú sabes cuáles son tus debilidades. Ármate del valor necesario para hallar soluciones ya, en estos momentos en que estás fuerte, mientras sigues decidido a llevar una vida de pureza que honre a Dios y a tu pareja. Mantente vigilante y actúa con resolución. El sistema de ferrocarril metropolitano subterráneo de Londres es famoso por su lema: «¡Cuidado con los resquicios!». Así les recuerda constantemente a sus viajeros que tengan cuidado de no caer en el resquicio que queda abierto entre la plataforma de la estación y las líneas del tren que hay debajo. Si queremos permanecer en tierra firme, sin caernos, entonces necesitamos tener esta misma mentalidad. Haz cuanto tengas que hacer ahora mismo para resguardarte más tarde. Reúne tus defensas para usarlas en esos momentos de debilidad. Bloquea todas las sendas que lleven a la impureza. Cierra todos los resquicios. Más tarde te sentirás agradecido de haberlo hecho.

Conozco varias parejas casadas que han decidido no tener cuentas de Facebook separadas. En vez de eso, comparten una sola, de manera que la otra persona siempre esté al tanto de todas las interacciones, lo cual elimina incluso la posibilidad de que aparezcan tentaciones. Conozco muchas parejas que lo comparten todo en su computadora y las contraseñas de sus teléfonos, de manera que nada quede escondido, y la otra persona siempre pueda comprobar todo lo que quiera.

Algunas personas que conozco han decidido que: «No queremos en nuestro hogar nada inmoral, ni siquiera dudoso. Vamos a limitar la cantidad de tiempo que pasamos entreteniéndonos. Seguiremos viendo películas y programas televisivos ocasionalmente, pero seremos mucho más cuidadosos al escogerlos. Solo veremos cosas que nos edifiquen, que vigoricen nuestras creencias, que mejoren nuestros momentos en familia y que fortalezcan las relaciones entre nosotros». Incluso esto no es suficiente para algunas personas; hay quienes simplemente se deshacen de todo aparato o toda conexión que los pudiera llevar alguna vez a una tentación. Hay quienes dirían que esto es demasiado extremo. Yo diría que es extremadamente sabio.

Ejercita una sabiduría piadosa. Desde este mismo momento, toma unas decisiones que te lleven lo más lejos posible de estos problemas. Trata de ver tu conducta externa desde el punto de vista de Dios. Las decisiones que estás tomando, ¿le agradarían? Esa decisión que estás a punto de tomar, ¿le serviría de tropiezo a un creyente «más débil»? Entonces decídete a hacer aquello que ya sabes que es lo correcto.

CON EL PECADO POR FUERA

Si la pureza externa es la que puede ver la gente, la pureza interna es un asunto entre Dios y tú solamente. La pureza interna es lo que tú piensas y sientes; lo que está sucediendo dentro de tu corazón.

El resultado final es que, por mucho que hagamos nuestros mejores esfuerzos humanos por ser externamente puros, aun así fallaremos algunas veces. Esto se debe sencillamente a que no tenemos dentro de nosotros suficiente fortaleza para superar todas las tentaciones que este mundo nos presenta. Hasta la mejor de las soluciones sigue necesitando que haya acción por nuestra parte. Necesitamos permitir que Dios nos transforme el corazón, de manera que podamos vivir puramente desde dentro hacia fuera, no con el pecado por fuera.

Sé que a veces te sientes como si fueras la única persona que está batallando por vivir de la manera que Dios quiere. Ves otras personas que conoces y te parece que hacen las cosas que son correctas de una manera natural. Si te sientes así, tengo la esperanza de que encuentres inspiración en estas palabras del rey David: «¿Cómo puede el joven llevar una vida íntegra? Viviendo conforme a tu palabra. Yo te busco con todo el corazón; no dejes que me desvíe de tus mandamientos. En mi corazón atesoro tus dichos para no pecar contra ti» (Salmos 119.9–11).

¡Qué pregunta tan maravillosa, en especial para el mundo en el que nos ha tocado vivir, rodeados de tentaciones por todas partes! ¿Cómo me puedo mantener en la senda de la pureza? Gracias a Dios, David responde su propia pregunta. Quiero que notes aquí tres cosas; tres estrategias que emplea David, que tú también puedes emplear.

La primera consiste sencillamente en vivir de acuerdo a la Palabra de Dios. Mira lo que dice David: «En mi corazón atesoro tus dichos». Él comprende que la única manera que tiene de poder vivir de acuerdo a la Palabra de Dios está en saber realmente qué dice. Por eso hace lo que *él* puede: se toma el tiempo necesario para saber lo que dice la Palabra de Dios. No se está limitando a escuchar lo que otras personas le digan que hay en la Palabra de Dios; la está buscando por sí mismo. Tampoco la está leyendo de una manera informal. La está guardando en el corazón, aprendiéndola de memoria, atesorándola para poder acudir a ella cada vez que necesite hacerlo.

La segunda estrategia de David consiste en mantener vivo su anhelo por las puras normas de Dios. Observa la urgencia que siente: «No dejes que me desvíe de tus mandamientos. Dios mío, he aprendido qué es lo que tú valoras. ¡Ahora, ayúdame a mantenerme firme en esas cosas! ¡Guía mis pasos y ayúdame a mantenerme dentro del camino que me va a llevar a ti!».

Por último, David ha dado pasos hacia Dios, y entonces acude a él para que haga eso realidad en su vida. «Yo te busco con todo el corazón». ¿Qué significa esto? Significa que David está orando. Ya sabe lo que Dios quiere de él, porque ha leído su Palabra. Y ha decidido que eso es lo que quiere hacer. Ahora todo lo que falta para sellar el trato es que él mantenga su relación con Dios.

Cuando estudiamos la Palabra de Dios, cuando nos comprometemos a vivir de acuerdo con sus propósitos, y lo buscamos en oración, su Palabra nos renueva la mente y nos transforma el corazón (Romanos 12.2). Las cosas que solían atraernos —la lujuria, la codicia, el egoísmo y los apetitos de la carne—, comienzan a darnos asco. Con el tiempo, se nos va haciendo más fácil dar un amplio círculo alrededor del peligro, lejos del veneno. Reconocemos al instante esas cosas que podrían dañar nuestra relación con Dios, o la intimidad de nuestro matrimonio. Las mismas cosas que solían atraernos comienzan a darnos náuseas. «¡Yo no quiero nada de eso! ¡Eso es veneno! ¡Es excremento de gato!». En la tierra no hay nada peor que Satanás... y el excremento de gato.

Son muchas las personas que fijan sus límites en el lugar incorrecto. Dicen cosas como: «A partir de hoy, le voy a ser fiel a mi esposa, hasta que la muerte nos separe. Nunca voy a cometer adulterio». No se dan cuenta de que antes de llegar al pecado de adulterio, habrán cruzado ya docenas de líneas que tienen que ver con otros pecados. El pecado no comienza en el exterior. Comienza en el corazón.

Ves algo (o alguien) atractivo, y dejas que capte tu atención. «Mmmm, ¡qué bien se ve!». Eso se llama lujuria. Y la lujuria es pecado. Tal vez hasta actúes... solo que no va a ser un adulterio descarado. «¡Un cuerpo tan ardiente como el tuyo debería venir con una etiqueta de advertencia!». Esta insinuación hecha a otra persona sobre el hecho de que estás disponible, cuando en realidad no lo estás, se llama flirteo. Y es un pecado.

Tal vez no hagas nada. Te gusta algo y dejas que tus pensamientos divaguen al respecto. «¡Caray! ¡Cómo me gustaría llevarme *eso* a casa!». Esto no tiene nada que ver con someter todos tus pensamientos para hacerlos obedientes a Cristo (2 Corintios 10.5). Es ponerse a fantasear y es pecado. Esas cosas son problemáticas, porque trazan la línea en un lugar equivocado.

Las semillas del pecado se siembran mucho antes de que broten convertidas en adulterio. Jesús explicó esto con toda claridad en Mateo 5.27–28. «Ustedes han oído que se dijo: "No cometas adulterio". Pero yo les digo que cualquiera que mira a una mujer y la codicia ya ha cometido adulterio con ella en el corazón».

Aun en el caso de que el acto de adulterio no se haya producido aún, el problema comienza en el momento en que se siembra la semilla: en la lujuria. Lo que sucede en tu corazón es lo que importa. Aunque hay cosas que puedes hacer para lograr que tu vida vaya en la dirección correcta, en última instancia, sin el poder de Cristo no puedes hacer nada. Tienes que comenzar a guardar la Palabra de Dios en tu corazón y a meditar en ella. Cambia de conducta cuando puedas. Toma precauciones. Evita las tentaciones. Entonces, gracias al poder del Espíritu de Dios que habita dentro de ti, podrás llegar a un estado de pureza que nunca te habrías podido imaginar que era posible. Pero es necesario que comiences en algún punto. Decide que no quieres seguir pecando contra Dios. Haz cuanto sea necesario para evitar las tentaciones. Decide que quieres caminar por la senda de la pureza. Y mantente en ella.

¿VALIÓ LA PENA?

Por muchas que sean las acciones que hagamos; por largo que sea el tiempo que hayamos permanecido fielmente casados, mantener nuestra pureza siempre será un reto. ¿Por qué? Porque somos humanos. No somos perfectos. Todos hemos pecado. Ninguno de nosotros ha estado a la altura de las normas de Dios (Romanos 3.23–24). No te puedo decir la cantidad de veces que he fallado en este aspecto (y en un número incalculable de aspectos más). Y para serte totalmente sincero, también tú vas a fallar algunas veces. Cuando falles asegúrate de tener una estrategia a la que puedas acudir en esos tiempos en que caigas en la tentación de la inmoralidad sexual o de la impureza.

Tal vez nos sintamos tentados a justificar nuestros pecados. «Solo estoy satisfaciendo mis necesidades, ya que ella no lo hace», o bien: «Dios quiere que yo sea feliz». Sin embargo, eso solo va a hacer que te hundas más profundamente en la arena movediza de la inmoralidad. O tal vez sientas remordimiento, en especial si te atrapa tu pareja. «De veras que fue estúpido actuar así. De veras querría no haber hecho eso. Lo siento». El remordimiento puede ser peligroso, porque nos puede permitir un cambio temporal en nuestra conducta... o tener mucho más cuidado la próxima vez, para que no nos atrapen. Hasta es posible que nos engañemos a nosotros mismos, aunque sabemos en nuestro interior que seguimos entregados a nuestros placeres y apetitos.

La única estrategia que obra a fin de cuentas es la sinceridad: la transparencia, la responsabilidad, la confesión, el perdón. Enfrentarte a la tentación y a tus fallos en cuanto aparezcan es la única forma de evitar que te hundas cada vez más profundo en el pozo. Sin embargo, no tenemos motivo alguno para quedarnos dentro de él; ni ahora, ni nunca. Por fortuna para nosotros, se nos ha prometido que «Dios es fiel, y no permitirá que ustedes sean tentados más allá de lo que puedan aguantar. Más bien, cuando llegue la tentación, él les dará también una salida a fin de que puedan resistir» (1 Corintios 10.13).

Una de las maneras en que Dios me ayuda a huir de las tentaciones es consecuencia del fallo del que te hablé al principio de este capítulo. Esa pregunta que me hizo Amy —«¿Valió la pena?»—, se ha convertido en un poderoso escudo para mi vida. Desde aquellos momentos, esa sencilla pregunta me ha resguardado, impulsándome a superar todo tipo de tentaciones: inmediatamente antes de mirar por segunda vez, inmediatamente antes de hacer un comentario inadecuado ante una persona del otro sexo, inmediatamente antes de permitir que mis pensamientos divaguen, inmediatamente antes de pinchar un anuncio dudoso en la Internet, inmediatamente antes de quedarme pasmado ante un canal de televisión en vez de apartar los ojos y seguir pinchando.

¿Va a valer eso la pena?

Te puedo decir sin titubear que mi respuesta en estos momentos es casi siempre un no. Y no solo un no, sino un jamás, bajo ninguna circunstancia, voy a encontrar ninguna excitación sexual por la cual valga la pena poner en peligro mi integridad, dañar mi relación con Dios, o de manera alguna, abrir una puerta que pudiera hacer sufrir a mi esposa, que tan fiel me ha sido. ¿Vale la pena? ¡No! ¿Vale la pena? ¡No!

Si en este momento estás sintiendo convicción porque sabes que hay algo impuro en tu vida, aférrate a ese sentimiento. Permíteme preguntártelo de nuevo: ¿vale la pena? ¡No!

No vale la pena, de ninguna manera, y lo sabes.

Sea cual sea esa impureza, he aquí lo que quiero que hagas ahora mismo: confiésasela a Dios. Adelante. Ora. Pídele que te perdone. En 1 Juan 1.8–9 se nos dice: «Si afirmamos que no tenemos pecado, nos engañamos a nosotros mismos y no tenemos la verdad. Si confesamos nuestros pecados, Dios, que es fiel y justo, nos los perdonará y nos limpiará de toda maldad».

Busca a Dios. Pelea limpio. Diviértete. Y por el poder de Cristo que tienes dentro de ti, guarda su Palabra en tu corazón, para no pecar contra él. Mantente puro. Y suceda lo que suceda, desde este día en adelante, no te rindas.

EL PUNTO DE VISTA DE AMY

A principios de nuestra relación, Craig y yo acordamos que queríamos que la pureza no fuera algo que solo hiciéramos, sino que fuera un aspecto de nuestro carácter; una cualidad que definiera nuestra relación. La Palabra de Dios nos dice que debemos «evitar toda clase de mal» (1 Tesalonicenses 5.22). Algunas de las cosas que hemos hecho a lo largo de los años para proteger nuestra pureza podrán parecerles tontas e insignificantes a otras personas. Tal vez hasta les parezca que hemos ido demasiado lejos; que hemos sido unos ridículos. Pero tomamos muy en serio este versículo y siempre hemos tratado de aplicarlo a nuestra vida de una manera literal, teniendo cuidado con las cosas que permitimos que se acerquen a nuestro hogar y a nuestros corazones.

«Evitar» es un verbo activo. Craig y yo evitamos todo aquello que pensamos que podría contener hasta la posibilidad más remota de llevarnos a la impureza, tanto en nuestras acciones como en nuestros pensamientos. Por ejemplo, evitamos ciertos tipos de revistas. Escogemos con cuidado las películas que vemos y los programas que sintonizamos en la televisión y en cualquier otro medio de difusión. No permitimos que la cultura nos dicte qué es lo aceptable. Nos protegemos mutuamente en cuanto a las relaciones que sean potencialmente peligrosas. Enseñarles a nuestros hijos a resguardarse de las cosas que los podrían inducir a pecar es también algo esencial. Yo creo que Dios ha bendecido a nuestra familia, porque le hemos hecho caso a su Palabra. Sus principios y sus mandamientos salvaguardan nuestro matrimonio de toda clase de consecuencias negativas. Estas son solamente unas cuantas de las cosas prácticas y externas que hemos hecho, pero solo son una parte de la ecuación.

La otra parte tiene que ver con nuestra relación personal con Cristo. Necesitamos mantenernos cerca de Jesús. Él es la fuente de la pureza y la santidad. El hecho de mantenernos cerca de él nos santifica. Cuando nos acercamos a él, nos revela delicadamente dónde están nuestras impurezas.

Debido a que me mantengo cerca de Dios, y me he entrenado a mí misma por medio de su Palabra en cuanto a qué es lo que le agrada, cuando me viene a la mente un pensamiento impuro, lo reconozco al instante. Entonces recuerdo que estoy comprometida con Dios y con su idea de lo que es la pureza, lo cual me ayuda a rechazar de inmediato ese pensamiento, reemplazándolo con sabiduría divina.

Necesitamos reconocer que es totalmente cierto que la pureza le interesa a Dios. Él es un Dios santo. Cuando nos adoptó como hijos, nos llamó a ser santos nosotros también. Él es quien nos ha apartado para que seamos luz en este mundo. La pureza es realmente importante. La ropa que usamos es importante. Las cosas que pensamos son importantes. Lo que miramos es importante. Aquello en lo que pensamos es importante. Con quién decidamos pasar nuestro tiempo, también es importante. La pureza le importa a Dios. Importa en nuestro matrimonio. Somos hijos suyos, de manera que nos debemos parecer a él. Debemos ser santos, así como él es santo.

NUNCA TIRAR LA TOALLA

Nunca confundas una sola derrota con una derrota definitiva.
—F. Scott Fitzgerald

Hace años, oficié la boda de nuestros grandes amigos Scott y Shannon. De pie ante la resplandeciente pareja, y de todos sus parientes y amigos, hablé detalladamente acerca de su relación. Scott honró a Shannon y resguardó la pureza de ella. Shannon honró a Scott orando fielmente por él y animándolo en su fe. Ellos son dos de nuestros amigos más cercanos, y yo estaba muy emocionado, porque estaba celebrando el compromiso que estaban sellando ante Dios, cada uno de ellos ante el otro, y también ante todos sus invitados en su día especial.

A mediados de la ceremonia, fui a echarles una mirada a las notas que había preparado con toda dedicación, y tuve un momento de pánico. Mientras leía las palabras, vi un error tipográfico sobresaliente. Sin darme cuenta hasta ese momento, había escrito por accidente que «los dos serían *"untied"*[1] (desatados)».

Por supuesto, lo que yo había querido escribir era que «los dos serían *"united"* (unidos)». Gracias a Dios, tuve el ánimo de no leerlo tal como estaba escrito, así que corregí ese importante detalle al vuelo. Tal vez haya titubeado algo un instante al hacer el ajuste, pero estaba muy contento por no haber repetido verbalmente el error que había cometido al escribir. No solo porque no quería cometer semejante fallo en frente de mis buenos amigos (créeme, yo sé que aquel gran día no se centraba en mi persona), sino porque habría dicho exactamente lo opuesto a lo que estaba tratando de comunicar.

Después de la ceremonia, le enseñé a Amy el error que había hecho en mis notas. Ambos notamos que solo había una pequeña letra fuera de lugar.[2] Cuando la «i» estaba en el lugar debido, la palabra era «united», *unidos*. Cuando estaba en el lugar indebido, la palabra era «untied», *desatados*.

Aunque parezca cursi, la realidad es que este error ilustra una realidad. En inglés, la palabra «I» significa «yo». Y suceda lo que suceda en el matrimonio, si el «yo» no está en el lugar debido, los esposos terminan desatados. Si yo no me

---

[1] Nota del editor: El error radica en la palabra original del inglés: «untied», que en castellano significa «desatado»; en vez de «united», que se traduce como «unido».

[2] Se debe recordar que el autor se refiere a la palabra en inglés.

estoy sometiendo plenamente a Dios, y haciendo de él mi Uno, nunca podré amar a mi dos con su amor incondicional. Según dónde vaya a parar el «yo», el matrimonio puede ser firme y seguro, o se puede aflojar a tal punto que los esposos terminen separados.

CÓMO DECIDIRSE A DECIDIR

¿Qué me dices de ti mismo? ¿En qué punto te parece que se encuentra tu matrimonio? Hasta este punto, hemos cubierto una gran cantidad de terreno en este libro. Pero a fin de cuentas, es posible que este capítulo sea el más importante para ti, si realmente quieres que tu matrimonio sobreviva y prospere. Al finalizar estas cinco decisiones cruciales que pueden hacer que tu matrimonio sea a prueba de divorcio —buscar a Dios, pelear limpio, divertirse, mantenerse puros y nunca tirar la toalla—, comprendemos que es este último punto el que mantiene vivos los otros cuatro.

¿Y el secreto para nunca tirar la toalla? Es más fácil de lo que piensas. Al principio de nuestro matrimonio, Amy y yo tropezamos con una sencilla verdad que marcó toda una diferencia. Es más, por lo sencilla que es, sería fácil subestimar lo poderosa que puede ser en tu vida. ¿Estás listo para oír nuestro secreto? Aquí está: decidimos que nuestro matrimonio iba a ser tan bueno como nosotros lo decidiéramos.

Esto mismo es cierto en tu caso: tu matrimonio es tan bueno como ustedes lo decidan.

Nosotros no somos mejores que nadie. No pienses ni por un instante que solo porque estamos en el ministerio, no tenemos problemas. Los tenemos, como cualquier otra persona. Vivimos en el mismo mundo lleno de pecado en el que vives tú. (¿Tienes una idea de lo que seis niños le pueden hacer a un baño?) Pero decidimos que buscaríamos a Dios juntos, que oraríamos juntos y que nos esforzaríamos por darle a Dios el primer lugar. Decidimos que pelearíamos limpio, siempre luchando para llegar a una solución, y no para ver quién gana la pelea, lo cual deja mucho espacio para el perdón y el amor. Decidimos que adquiriríamos el hábito de buscar tiempo para divertirnos juntos, disfrutando los dones del matrimonio y la amistad. Decidimos hacer que nuestros corazones se mantuvieran alejados de los problemas y mantenernos puros, rechazando todos los venenos que le pudieran hacer daño a nuestra unión. Y, por supuesto, decidimos no darnos por vencidos y pelear sin desmayar por el matrimonio que Dios quiere que tengamos. Tengo la esperanza de que hayas notado los puntos clave en estas cosas. Solo hay dos: la decisión y nosotros, que decidimos.

¡Tú también puedes decidir! A nosotros nos ha exigido trabajar juntos como uno solo. Pero todo el mundo tiene que comenzar por algo. Sé que es especialmente difícil si al principio solo hay uno de ustedes que está haciendo el esfuerzo solo. Pero tienes que seguir adelante. Ustedes están juntos en su relación. Aunque no les parezca que es así, si están casados, Dios ya los ha hecho uno. No importa cómo se sientan. Una vez que Dios los ha hecho uno, lo hecho no se puede deshacer. Aunque tú seas el único que se esté comprometiendo hoy, decide *tú*. Decide qué clase de matrimonio vas a tener. ¿Va a ser uno malo o uno bueno? Tú decides. Puede ser tan bueno como decidas que sea.

Es posible que estés en un matrimonio que no da la impresión de que vaya a sobrevivir. Si es ese el caso, siento que estés en esa situación, y quiero que sepas que a mí también me hiere. Tal vez te sientas con ganas de alejarte con cada página que leas. Hasta incluso es posible que hayas tenido que sufrir una traición en tu matrimonio; le has sido fiel a tu pareja, pero ella no te ha sido fiel a ti. Y como ya sabes, el adulterio es un motivo válido para el divorcio. Aunque eso sea absolutamente cierto, y la mayoría de las personas no te echarían la culpa por tirar la toalla después de que te han traicionado, te quiero recordar otra verdad que es igualmente poderosa: aunque el adulterio es motivo de divorcio, también puede ser motivo de perdón.

Para tener el matrimonio que Dios quiere que ustedes tengan, te puedo asegurar que ambos van a tener que perdonar algo. Incluso cuando les parezca imposible hacerlo, me siento agradecido de que con Dios todas las cosas sean posibles. Todas las cosas. Hasta perdonar lo que parece imperdonable. *Especialmente* eso, perdonar lo que parece imperdonable. Y nunca te parecerás más a Dios, que cuando perdones.

Sé que no puedes hacer nada por cambiar a tu pareja. Sin embargo, también sé que tú *puedes* cambiar. Puedes hacer todo lo que sea para no darte por vencido. Te puedes situar en el lugar debido, sometiéndote por completo a Dios, buscándolo a diario y creyendo que puede hacer un milagro. Puedes decidirte a nunca tirar la toalla. Formas parte de un pacto, no solo con tu pareja. Le hiciste una promesa a Dios. Así que mantente firme y permanezcan unidos, aunque el enemigo lo que quiere es desatarlos.

El matrimonio implica perseverancia. Significa que nunca hemos de darnos por vencidos el uno con respecto al otro. Es no permitir que tu temor a fracasar se convierta en palabras o en acciones de las cuales te lamentarás para siempre. El matrimonio es que nunca tires la toalla en cuanto a la capacidad de Dios para hacer lo imposible. Cualquiera que sea el punto en que se encuentren tú y tu pareja ahora, quiero que reflexionen sobre lo que significa para ustedes correr juntos la buena carrera.

LOS OPUESTOS SE ATACAN

Tal vez no haya mejor manera de comenzar a meditar en la forma en que ustedes quieren terminar juntos la carrera, que pensar en la manera en que la comenzaron. Si estás casado, recuerda aquellos tiempos en que estaban comenzando a conocerse. Lo más probable es que fueran bastante diferentes entre sí. Todas esas excentricidades de él, esa manera única que ella tenía de ver la vida, fueron las que captaron tu atención al principio... y tal vez hasta te espantaron un poco.

Sin embargo, esas peculiaridades fueron precisamente lo que los atrajo, lo que los intrigó lo suficiente como para seguir buscando excusas para verse. Y finalmente, es probable que los dos comenzaran a pensar: *Sé que somos realmente diferentes, pero pienso en verdad que nuestras personalidades se complementan entre sí de una manera magnífica. Hmmm, me pregunto si...* Tal vez hasta terminaron sintiendo que estaban hechos el uno para el otro, como las dos mitades del mismo todo. Tus debilidades eran los puntos fuertes de ella. O lo que a ella le faltaba, tú lo lograbas estupendamente. Al fin y al cabo, es como dicen: «Los opuestos se atraen».

Una vez casados, me imagino que fue entonces cuando dejaron caer el segundo zapato. Tal vez aprendieran al menos que, aunque durante el noviazgo los opuestos se atraen, cuando ya están casados, ¡los opuestos *se atacan!* Aquellas pequeñas excentricidades e idiosincrasias que solían ser tan graciosas y encantadoras pronto se convirtieron en pequeños hábitos enojosos y obstinadas necedades que les hicieron tener ganas de discutir, alejarse y preguntarse en qué estaban ustedes pensando cuando dieron el «sí» en su boda.

No se tarda mucho en darse cuenta de que si uno de ustedes es puntual, si sientes que llegar a tiempo comunica tu respeto y tu afecto por las personas con las cuales te estás reuniendo, entonces hay una oportunidad realmente buena de que tu pareja lo sienta también... bueno, tal vez no tanto. Es más, apostaría que el enfoque de tu pareja sobre todo este concepto del control del tiempo es mucho más «creativo» que el tuyo. Además, está convencida de que tus amigos los conocen a ustedes lo suficientemente bien como para que, si dijeron que llegarían a las siete, no los deben esperar antes de las siete y media, en efecto, hasta podría ser poco educado llegar a las siete, ¡porque ellos aún no estarían listos para recibirlos!

Conozco algunas parejas en las cuales uno es el ahorrador y hasta anda siempre con una copia impresa del presupuesto del hogar. No solo ya han llenado formularios de solicitud de entrada en diversos colegios para unos niños que aún no han nacido siquiera, sino que han comenzado cuentas de inversiones para pagar sus estudios. Pero cada vez que salen a cenar con sus amigos, el otro miembro de la pareja es siempre el que le dice al mesero: «Tráiganos una botella del mejor vino que tenga. Esta noche estamos celebrando el aniversario del tercer mes que hace que somos amigos. ¿Quién quiere postre? ¡Nosotros pagamos!».

Hasta conozco una pareja en la cual a uno de los esposos le gusta fingir que unas bolas grasosas y esponjosas de masa son «panqueques para el desayuno» cuando su pareja sabe que a Dios solo se le glorifica por medio de unos panqueques finos y perfectamente redondos. Por supuesto, Dios los ama a los dos por igual; solo que necesita otorgarle más gracia y misericordia a uno que al otro. Estoy seguro de que sabes de qué estoy hablando.

Una de las maneras en que pueden regresar a la posición en la cual los opuestos se atraen en vez de atacarse es aceptar a tu pareja tal como ella es y no como quisieras que fuera. Tal vez tu cónyuge nunca llene la lavadora de platos de la manera en que la llenarías tú. Es posible que nunca haga los panqueques de la manera en que Dios quiso que se hicieran. Pero recuerda que eso no solo es bueno, sino que forma parte de aquello que te fascinó desde el principio con respecto a esa persona.

Ser polos opuestos no es malo. Es más, lo cierto es que si estás casado con alguien que es idéntico a ti, uno de los dos sobra. Dios sabía exactamente lo que estaba haciendo cuando los unió a ustedes, que son tan opuestos. La única manera de que el hierro pueda afilar al hierro es que sus diferencias hagan que se tengan que restregar constantemente entre sí (Proverbios 27.17). (Y, tal vez, no te tengo que decir lo divertido que puede ser restregar sus diferencias, ¡especialmente cuando se encuentran ombligo con ombligo!)

El reto está en que nos conformamos con una manera de pensar y nos convencemos de que nuestras diferencias siempre nos van a causar conflictos. Pero eso no tiene por qué ser cierto. Solo porque tu pareja haga las cosas de una manera diferente a como las haces tú, no quiere decir que tenga que ser un problema. Solo es... bueno, diferente.

Si te niegas a aceptar las diferencias entre ustedes como aspectos positivos que son, tal vez te encuentres tratando de esconderle cosas a tu cónyuge. Por ejemplo, digamos que tú eres el que gasta más de la cuenta, y en una ocasión almuerzas solo en un restaurante, pero después haces unos cuantos cambios en el presupuesto para tapar lo que hiciste. Esa clase de engaño se puede convertir en un patrón de conducta, y una vez que esas cosas «pequeñas» se empiecen a acumular, te vas a enfrentar de repente con un problema mucho más grande.

En algún momento, aunque admitas tu «mentirita piadosa» y le pidas perdón, cosa que deberías hacer, una de las consecuencias posibles es que ahora la desconfianza ha entrado en su relación. Otra consecuencia más grave aún podría ser que ahora ambos tengan que enfrentarse a la falta de perdón, e incluso tal vez a una amargura a largo plazo. Hay falta de confianza y resentimiento. Sospechas. Desilusión. Silencio. E incluso antes de darse cuenta de lo que ha estado sucediendo, se despiertan un día convertidos más en compañeros de habitación, que en amantes. Vivirán bajo un mismo techo, pero llevan vidas separadas.

Para evitar este proceso de calcificación, ambos tienen que tomar diariamente la decisión de honrar las grandes decisiones. Cuando ambos se hayan comprometido a pelear limpio, ninguno de los dos estará tratando de ganar; ambos se dedicarán a resolver el problema, no a demostrar que tienen razón. Cuando ambos están comprometidos a orar juntos, ambos son responsables de hacer que eso suceda de manera habitual. Y cuando han decidido que nunca se van a dar por vencidos y que sus votos son realmente para toda la vida, entonces sus decisiones diarias se convierten en decisiones con sinceridad y transparencia, confesión y perdón. Esa es la única manera de mantener vivos esos sentimientos que tenían al principio de su relación.

Recuerdas el principio de tu relación, ¿no es cierto? Cuando se enamoraron, todas las canciones románticas de la radio tenían sentido, todos los tableros de anuncios que aparecían en la carretera «confirmaban» que estaban hechos el uno para el otro. Cada vez que estaban juntos, uno de ustedes estiraba el brazo con el teléfono móvil para tomar una fotografía de ambos abrazados. Compraban de manera compulsiva tarjetas de felicitaciones y morsas de peluche. Ahora, en muy poco tiempo, se dedican a hacer pedazos esas fotos para lanzarlas a la chimenea. Y están sentados en un tribunal de divorcios, con sus abogados gritando entre ustedes, discutiendo amargamente sobre quién va a obtener la custodia de todas esas morsas.

Por supuesto que las cosas no tienen que terminar así. Y ciertamente, eso no es lo que Dios quiere para ustedes. No, él conoce los planes que tiene para ustedes: planes para prosperarlos y no para hacerles daño; planes para darles una esperanza y un futuro (Jeremías 29.11). Pero, ¿cómo se pueden llegar a cumplir esos planes en la vida de ustedes? Busca a Dios. Busca al Uno con tu dos, orando juntos. Pelea limpio. En vez de intentar siempre «ganar», trabajen juntos para encontrar una solución. Diviértanse, pasen momentos valiosos en compañía, cara a cara, uno junto al otro y ombligo con ombligo. Manténganse puros. No traten de ver hasta dónde pueden acercarse al límite sin traspasarlo, huyan de ese límite, lo más lejos que les sea posible. Así, una vez que hayan hecho todas esas cosas, nunca tiren la toalla.

ABRAZA LA GRACIA

Ahora bien, cuando te digo que nunca te debes tirar la toalla, no te estoy diciendo que le debes dar a tu cónyuge un pase general para que abuse de tu persona y te trate como le parezca. No existe nada que se parezca al don espiritual que te convierte en un saco de boxeo o una esterilla para la puerta. Si no nunca tirar la toalla significa que tienes que conseguir una distancia segura antes de buscar consejería y trabajar en arreglar tu matrimonio, haz lo que tengas que hacer para lograrlo.

Además, permíteme tomarme solo un instante en este punto para decirte que si ya has estado en un matrimonio que terminó, te aseguro esto: hoy puede ser un nuevo día para ti. Si estás en Cristo, él no te condena por tu pasado. Ni yo tampoco. No sigas agarrado a esa culpa como si fuera tu mascota favorita. Al contrario, abraza la gracia. Si quieres saber lo que te diría si estuviéramos frente a frente, basta que leas Juan 8.3–11 y Romanos 8. Por allí es por donde nosotros empezaríamos. Entonces te diría que aceptaras la parte de la responsabilidad que tuviste en la pérdida de esa relación; después acepta la misericordia, la gracia y el perdón que Dios te quiere ofrecer. El camino que te llevará a la sanidad debe comenzar allí.

Tal vez no has estado casado, pero cuando recuerdas tus relaciones del pasado, no puedes menos que pensar: *Yo sé que ya he hecho un montón de cosas mal hechas. Si pudiera dar marcha atrás en el tiempo, son muchas las cosas que haría de otra forma.* Si ese eres tú, créeme que te comprendo. Todos y cada uno de nosotros tenemos en nuestro pasado cosas que quisiéramos poder cambiar. Sin embargo, tenemos que ser sensatos: no se puede cambiar el pasado. Pero en vez de pensar así, necesitamos centrarnos en aquello que sí *podemos* hacer: desde ahora en adelante, nunca deberíamos tirar la toalla. Si tomamos la decisión de seguir a Cristo, eso significa que servimos a un Dios que nos dice que para él, todas las cosas son posibles (Mateo

19.26). Necesitamos pedirle perdón por lo malo que hayamos hecho, para después seguir adelante y dejar de pecar.

Veamos otro pasaje de Mateo 19. Al principio de este capítulo, las multitudes están siguiendo a Jesús por toda Judea y él está sanando gente. Entonces, en el versículo 3, unos fariseos (maestros de la ley hebrea) hacen presencia con el plan de atraparlo haciéndole una astuta pregunta. Le dicen: «¿Está permitido que un hombre se divorcie de su esposa por cualquier motivo?».

Ahora, antes de ver la respuesta de Jesús, primero quiero que entiendas algo sobre la cultura de sus tiempos. Es lamentable, y tal vez a nosotros nos sería difícil de imaginar en la actualidad, pero durante los tiempos de Jesús, las mujeres no solo no eran consideradas como iguales a los hombres, sino que eran tratadas casi como si fueran propiedades. Y, como en realidad carecían de derechos, al hombre le bastaba con decirle a su mujer: «¡Ya no te quiero más!». Entonces, sin más, quedaban divorciados.

Así que el plan de los fariseos consistía en tratar de atrapar a Jesús desprevenido y ponerlo en evidencia con una pregunta acerca de la ley hebrea, un campo en el que se suponía que ellos eran los expertos. Pero Jesús no se dejó entrampar. No, en vez de permitirlo, estremeció a todos los que le estaban escuchando. No elevó las normas un poco. Es más, no las levantó en absoluto. Anuló la norma vigente y presentó una nueva y mejor que ninguno de ellos habría tenido en cuenta jamás. Veamos lo que dijo, a partir del versículo 4: «¿No han leído que en el principio el Creador "los hizo hombre y mujer", y dijo: "Por eso dejará el hombre a su padre y a su madre, y se unirá a su esposa, y los dos llegarán a ser un solo cuerpo"? Así que ya no son dos, sino uno solo. Por tanto, lo que Dios ha unido, que no lo separe el hombre».

Aquellos fariseos estaban pensando en la ley procedente del tiempo que pasaron los israelitas en el desierto, cuando Dios les dio unas normas por medio de Moisés. En cambio Jesús los llevó a un pasado mucho más lejano que ese; casi al principio mismo de todo. Les citó el Génesis, recordándoles a Adán y Eva, la primera pareja humana. Y usando aquellas palabras, les indicó que una vez que un hombre y una mujer se casan, ya no son dos personas separadas, sino *una* sola.

PEGADOS COMO CON GOMA

No leas ahora aquí más de lo que está escrito. Jesús no estaba diciendo que todas las personas renunciaran a sus derechos, su personalidad, sus dones individuales ni su identidad. Lo que estaba diciendo es que dos seres humanos únicos se unen para crear un ser totalmente nuevo, «un solo cuerpo». Lo que es más, esto no lo hacen por su propia cuenta. El ser nuevo es algo que Dios ha unido. Y cuando dijo: «Lo que Dios ha unido, que no lo separe el hombre», estaba explicando que las pequeñas leyes absurdas de los fariseos, con todas sus reglas y directrices, en realidad no tienen aplicación, porque las reglas hechas por el hombre no pueden superar a la creación de Dios.

Permíteme usar una ilustración para ayudarte a imaginar cómo funciona esto. Digamos que tenemos dos hojas de papel, una que representa al esposo, y la otra que representa a la esposa. Ahora las tomamos y las pegamos una junto a la otra, traslapándolas alrededor de dos o tres centímetros, desde arriba hasta abajo. Eran dos hojas de papel separadas, pero ahora que las hemos pegado por completo, toman el aspecto de una hoja mayor. Todavía tienen los mismos atributos que tenían antes, pero ahora lo comparten todo. Eran dos. Pero ahora son una.

¿Por qué crees que el divorcio es algo tan doloroso? Porque es como tratar de romper esa hoja única de papel a fin de que vuelva a ser las dos hojas originales. ¡Eso ya no es ni siquiera posible! Por muy cuidadosamente que trates de separarlas, no vas a terminar teniendo en las manos las mismas dos hojas con las que comenzaste. Se van a rasgar las dos. Si has estado divorciado, o si has pasado por el dolor de ver divorciarse a unos parientes o amigos, sabes con exactitud a qué me estoy refiriendo. Es algo desastroso. Es destructivo. Y lo que resulta no son dos seres completos, sino dos seres hechos pedazos.

Me agrada realmente la forma tan sencilla en que oí en una ocasión a Andy Stanley explicar este principio. Esto es lo que dijo: «No se puede des-unir algo que Dios hizo uno».

Pienso que la razón por la cual a la gente de nuestra cultura le cuesta tanto trabajo comprender esto, es que no entienden qué es realmente el matrimonio. Creen que es un contrato, un acuerdo mutuo entre dos personas. Sin embargo, no lo es. Un matrimonio es un *pacto*. Y hay todo un mundo de diferencia. El pacto se basa en un compromiso mutuo. En cambio, el contrato se basa en una desconfianza mutua.

Esto es lo que quiero decir: el contrato está pensado para limitar mis responsabilidades y aumentar mis derechos. Si tú y yo firmamos un contrato, este dirá básicamente que yo estoy obligado a cumplirlo mientras tú lo sigas cumpliendo. Yo me comprometo a aquello que pienso que es justo para mí, y tú te comprometes a lo que piensas que es justo para ti.

Antes de estar casado, yo compré la primera casa que di en alquiler. Si alguien me va a alquilar una casa, sobre todo si es alguien a quien no conozco, entonces yo hago que me firme un contrato. Eso se debe a que, como no nos conocemos, yo no sé si puedo confiar en esa persona, y ella tampoco sabe si puede confiar en mí. Nuestro contrato dice esencialmente lo siguiente: «Lo sigo cumpliendo mientras tú lo sigas cumpliendo». Si tú no haces lo que estuviste de acuerdo en hacer (pagar a tiempo tu alquiler y no dañar nada), puedo pedir que te saquen de la casa.

Pero eso funciona también en el sentido contrario. Para tu beneficio, también dice que si yo no hago lo que dije que haría (asegurarme de que todo en la casa estuviera funcionando como es debido), tú tienes algún recurso que interponer en mi contra. Confiamos el uno en el otro mientras ambos sigamos cumpliendo lo que dijimos. Si uno de nosotros no cumple con las expectativas del otro, entonces se ha acabado el contrato, y nos podemos retractar.

Así es precisamente cómo entiende el matrimonio la mayoría de la gente. «Mientras tú me hagas feliz, mientras tú sigas satisfaciendo mis necesidades, mientras no aparezca nada mejor, seguiremos en esto. Pero si en algún momento decido que no estás cumpliendo con tu parte del contrato, entonces yo me salgo de él».

Pero el matrimonio no es un contrato, es un pacto. ¿Y qué es un pacto? Un pacto es una relación *permanente*. Nuestro Dios es un Dios de pactos. Él establece relaciones *permanentes* con su pueblo.

La palabra hebrea que traducimos como «pacto» es *beriyth* (be-rít). La raíz de la cual procede significa literalmente «cortar hasta partir», como cuando se corta algo en dos. Durante los tiempos del Antiguo Testamento, para que dos partes entraran en un acuerdo que los obligara, era necesario un sacrificio sangriento. Cortaban por la mitad a un toro y entonces los dos caminaban en ambos sentidos siete veces entre las dos partes del todo. En ese ritual, estaban diciendo esencialmente lo que sigue: «Si yo quebranto mi parte de este pacto, que me suceda lo que le sucedió a este toro». Entrar en pacto con alguien era algo muy serio.

También durante los tiempos del Antiguo Testamento, cuando se casaba una pareja, una parte de su ceremonia nupcial consistía en que se presentaban delante de un representante de Dios, el cual le tomaba una mano al novio y se la cortaba con una hoja afilada, hasta que comenzaba a sangrar. Luego el sacerdote tomaba una mano de la novia y hacía lo mismo con ella. Después unía las manos de los dos para que la sangre de ambos se mezclara. ¿Por qué? Porque Levítico 17.14 dice: «La vida de toda criatura está en su sangre». Para ellos, mezclar la sangre de ambos equivalía a mezclar sus vidas.

Por último, el sacerdote ataba un elegante cordel alrededor de las manos de ellos, todavía unidas, a fin de simbolizar ante los testigos, incluyendo a Dios mismo, que ya no eran dos, sino uno solo. «Lo que Dios ha unido, que no lo separe el hombre». Quedaban unidos de tal manera que «ya no eran dos, sino uno solo».

SIN GASOLINA

Debido a la ceremonia, y a lo significativo que es lo que se está haciendo al casarse, siempre animo a las parejas que se casen ante un pastor cristiano si les es posible. Si ya se casaron ante un juez de paz, ciertamente, no sientan condenación alguna. Pero si alguna vez deciden que les agradaría renovar sus votos, los exhorto a pensar seriamente en presentarse ante un ministro y responder ante Dios. Cuando Amy y yo lo hicimos, ¿crees que fue algo como lo que sigue?

«Ahora, Craig, ¿tomas a Amy para que sea legalmente tu esposa, para cuidarla y protegerla siempre desde este día, siempre que ella cada vez se ponga mejor (aunque tú te pongas peor), siempre que ella sea saludable (y te cuide bien cuando estés enfermo), preferiblemente para ser más rico (aunque no forzosamente para ser más pobre), abandonando a todas las demás (que no sean tan atractivas como ella)? ¿Vas a permanecer junto a ella (siempre que ella cumpla con su parte del trato)?

¿Te comprometes a permanecer en el matrimonio (mientras no aparezca nadie mejor)?».

¡Por supuesto que no es eso lo que dijimos! El matrimonio es para lo bueno y para lo malo, en enfermedad y en salud, en riqueza y en pobreza, abandonando a todas las demás desde este día en adelante, hasta que la muerte los separe. Los matrimonios no tienen fecha de vencimiento. Un pacto solo puede terminar cuando muere uno de los pactantes. Un contrato puede tener fecha de vencimiento. Por ejemplo, si te comprometes a alquilarme una casa por doce meses, dentro de un año habremos terminado el contrato. En cambio, un pacto es hasta que la muerte nos separe, ¡y que Dios me ayude!

Por difíciles que se vuelvan las circunstancias, o por mucho que cambien sus sentimientos, el pacto del matrimonio sigue en su lugar. Durante el mayor auge del ministerio de Billy Graham, este evangelista de fama mundial tenía que viajar con frecuencia. En efecto, no era extraño que estuviera viajando varios meses seguidos, dirigiendo campañas y hablando en diversos tipos de reuniones. Eso significa que muchas veces le tocaba a Ruth, la esposa de Billy, la responsabilidad de criar sola a sus hijos, y de cuidar de su hogar mientras él estaba fuera. Te puedo garantizar que eso era tan difícil para ella entonces, como lo podría ser hoy para uno de nosotros. Ser madre soltera, o padre soltero, es duro. Bien, hace varios años, un reportero le preguntó a Ruth si alguna vez había pensado en divorciarse de Billy durante los sesenta y tantos años que llevaban de casados. En ese momento, Ruth contestó: «No; nunca pensé en divorciarme de él. En lo que sí pensé varias veces fue en matarlo, pero en divorciarme, ¡nunca!».

Cuando hacemos un pacto ante Dios, tenemos que cumplirlo, pase lo que pase. Por supuesto, por ser pastor, es probable que haya escuchado ya la mayoría de las razones que da la gente para pensar que no puede seguir viviendo más tiempo con su pareja:

«Sencillamente, no soy feliz».

«Ya no confío en él».

«Ella ha cambiado. No es la misma persona con la que me casé hace años».

Y entonces, por supuesto, la excusa clásica de todos los tiempos: «Es que ya no lo amo».

Decidir que necesitas divorciarte porque se te ha acabado el amor es como decidir que tienes que vender tu auto porque se le acabó la gasolina. Ninguna persona sensata haría eso jamás. Todo lo que haría sería poner gasolina en el tanque del auto y seguir adelante. Si tu matrimonio está «bajo en amor» y se enciende la luz de advertencia, estaciónate donde puedas y comienza a llenarlo de nuevo con amor. Una vez que lo hayas llenado de nuevo, podrás seguir tu camino.

LECCIONES SOBRE LA SIEMBRA

Sé que no es fácil. Lo comprendo. Pero en esos momentos en los que sientes que se te acabó el amor, que ya no puedes seguir perdonando, que ya no queda gracia; cuando sientes que ya has hecho todo lo que puedes, es cuando ayuda realmente buscar a

Dios. Él tiene que ser tu fuente. Amar no es algo que Dios *haga*, sino que se trata de lo que Dios *es*. En 1 Juan 4.8 dice que «Dios es amor». Cuando ya a ti no te queda amor que dar, permite que él ame a través de ti. Puedes otorgar el perdón y la gracia de Dios por medio de tu vida. Pero tienes que acudir a él para conseguir más; para llenar tu tanque.

Si te quieres llamar cristiano, tienes que entender bien esto. No puedes decir: «Yo amo a Dios, pero odio a mi pareja». Y te diré por qué. En ese mismo capítulo, en 1 Juan 4.20 se nos dice: «Si alguien afirma: "Yo amo a Dios", pero odia a su hermano, es un mentiroso; pues el que no ama a su hermano, a quien ha visto, no puede amar a Dios, a quien no ha visto». Si eres cristiano y tu pareja es cristiana, las Escrituras lo señalan con toda claridad: no puedes decir que amas a Dios, pero no amas a tu pareja. Créeme; comprendo que puede ser difícil, en especial cuando las cosas no han marchado bien entre ustedes dos. Pero si amas a Dios, lo vas a buscar, por difícil que sea. Dale la oportunidad de hacer lo que tal vez tú no has tenido fuerzas para hacer: permite que él siga amando a través de ti.

¿Qué aspecto tiene esto en tu vida? ¿Cómo puedes aplicar a la realidad lo que te estoy diciendo? Digamos que sientes que has estado tratando de amar, pero no has podido llegar a ninguna parte. En la economía de Dios (y por tanto en tu matrimonio), uno cosecha lo que ha sembrado. Nadie se libera de ese principio. Estés casado o no, esta enseñanza fundamental afecta absolutamente todas las relaciones que tengas en la vida. Gálatas 6.7–9 dice lo siguiente: «No se engañen: de Dios nadie se burla. Cada uno cosecha lo que siembra. El que siembra para agradar a su naturaleza pecaminosa, de esa misma naturaleza cosechará destrucción; el que siembra para agradar al Espíritu, del Espíritu cosechará vida eterna. No nos cansemos de hacer el bien, porque a su debido tiempo cosecharemos si no nos damos por vencidos».

Una de las razones por las que permanecemos puros es porque no queremos «sembrar para agradar a nuestra naturaleza pecaminosa», a nuestra carne. Pero cuando «sembramos para agradar al Espíritu» (buscando constantemente a Dios en oración), entonces cosecharemos de su Espíritu la vida eterna. El mismo Pablo, mientras estaba escribiendo eso, tiene que haber sabido lo difícil que les iba a ser a las personas hacerlo. ¿Cómo lo sé? Porque inmediatamente después de decirlo, nos exhorta a no darnos nunca por vencidos. La única manera de conseguir el beneficio, la única forma de recoger la cosecha, es que no tiremos la toalla.

Cuando apliques esto a tu matrimonio, hay dos principios que es necesario que comprendas. El primero es que siempre vas a cosechar lo que hayas sembrado. Si siembras una semilla de manzana en la tierra, ¿qué va a salir de ella? ¿Un naranjo? ¡Claro que no! El que siembra y cultiva semillas de manzana, lo que consigue son manzanos. Se cosecha lo que se ha sembrado.

Cuando alguien te sonríe, ¿cuál suele ser tu reacción? Devolverle la sonrisa. Se cosecha lo que se ha sembrado.

Cuando alguien te grita airado, ¿cuál es tu reacción más posible? Lo más probable es que te enojes y te pongas a la defensiva, ¿no es así? Se cosecha lo que se sembró.

Esa es precisamente la razón por la cual, cuando estás casado, debes tratar de manifestarle gracia, compasión y solicitud a tu cónyuge. Si puedes hacerlo, ¿qué es lo más probable que recibas de ella? Gracia, compasión y solicitud. Se cosecha lo que se sembró.

En cambio, si te estás quejando continuamente y criticando a tu pareja, ¿qué vas a recibir de ella? De inmediato se va a comenzar a quejar de ti. Se va a poner airada y a la defensiva, y lo más probable es que, aunque haya hecho algo incorrecto, va a comenzar a tratar de justificar su conducta ante ti. Eso se debe a que la cosecha que se recoge depende de las semillas que se siembren. Se cosecha lo que se sembró.

NO SE ACEPTAN EXCUSAS

Ahora que ya vamos terminando de hablar acerca de lo que hace falta para edificar un matrimonio realmente firme, hay una última cosa que quiero estar seguro de que hablemos. No soy ingenuo. Comprendo que hace falta una gran cantidad de trabajo para hacer que sucedan todas esas cosas de las que hemos estado hablando. Las relaciones son difíciles de enderezar. Requieren de nosotros una atención y una participación constantes.

Entonces, ¿qué decir de ese lector que en estos momentos esté pensando: *Craig, esas cosas parecen todas muy buenas, estupendas, y tal vez hasta funcionen para alguna gente. Pero conmigo no. No lo siento. Ya he hecho todo lo que iba a hacer. No me siento con ganas de tratar de seguir siendo amable. No siento ganas de perdonar. No siento ganas de manifestar gracia. No siento ganas de orar. No me siento con deseos de comprometerme a hacer todo ese esfuerzo. No siento deseos de seguir casado. Simplemente, no lo siento. Así que no voy a seguir casado?*

¿De veras? Quiero decirte que he oído esas explicaciones de parte de muchas parejas, y te voy a ofrecer el mismo consejo que les he dado. Lo que estoy a punto de decir tal vez te parezca demasiado severo. No es esa mi intención. Te voy a hablar francamente, solo porque me interesas de verdad, y creo que Dios te quiere dar un matrimonio mejor que todo cuanto te puedas imaginar. ¿Estás listo? Aquí te va:

Cuando alguien me dice que no quiere intentar nada, porque no siente ganas de intentarlo, yo le digo: «¿Estás bromeando? ¡Tal parece que eres un niño quejumbroso de cinco años de edad! ¿En qué otro aspecto de tu vida puedes utilizar esa excusa: "Sencillamente, no tengo ganas", y salirte con la tuya?». Veamos unos ejemplos:

«Estoy cansado de trabajar. Sencillamente, ya no siento ganas de seguir trabajando. Así que este año no voy a trabajar».

¿Has oído alguna vez el viejo refrán que dice: «Si no trabajas, no comes»? ¿Sabes de dónde procede? Está tomado de la Biblia (2 Tesalonicenses 3.10).

«Estoy demasiado cansada de cuidar a mis hijos. Sencillamente no tengo ganas de seguir haciéndolo. Tal parece como si el bebé estuviera llorando todo el tiempo y siempre hay alguien que necesita algo. Ya no quiero seguir siendo madre».

Sin embargo, esa no es una opción real, ¿no es así? No. Y entonces, ¿qué haces? Respiras hondo, te aguantas, superas esos sentimientos, y cuidas a tus hijos.

«Estoy tan cansado de esos impuestos. No tengo ganas de seguir pagándolos. Creo que voy a dejar de pagar mis impuestos».

Hmm. Me pregunto cómo te va a ir. Lo más probable es que eso no va a funcionar contigo. Al menos, no por mucho tiempo, ¿cierto? Entonces, ¿qué puedes hacer? Te sientas como te sientas, haces lo que debes hacer. Te pones tus pantalones de niño grande, superas tus sentimientos, te comportas como un adulto, y haces lo que debes hacer.

Cuando te digo que no tires la toalla con respecto a tu matrimonio, no te estoy diciendo que necesites apretar los dientes y aguantarte, ni que tendrás que sufrir un mal matrimonio el resto de tu vida. Pero, bendito sea Dios, vas a seguir casado, aunque sea una pesadilla de cuarenta años.

Eso no es lo que te estoy diciendo, en absoluto. Lo que te *estoy* diciendo es que vas a cosechar todo lo que siembres. Estoy convencido, primero por la Palabra de Dios, y después por mis años de experiencia personal, que si comienzas a derramar en tu matrimonio amor, perdón, gracia, honra y respeto, y no tiras la toalla, esa es la cosecha que vas a recoger. Sinceramente, es posible que te lleve algún tiempo superar toda la toxicidad que has estado derramando sobre él hasta este momento. Pero si sigues adelante, finalmente, en el momento adecuado, recogerás la cosecha. ¿Qué aspecto tendrá tu cosecha? Te digo con toda

DESDE AHORA EN ADELANTE

sinceridad que no te lo puedo decir. Tu cosecha ideal podría tener un aspecto distinto a la mía. Pero por supuesto que te puedo dar algunas ideas:

Si vuelves a entrar en el juego...

Si sigues buscando a Dios, peleando limpio, divirtiéndote, manteniéndote puro y nunca tirando la toalla...

Si sigues haciendo de Dios tu Uno y lo buscas fervientemente junto con tu dos...

Si perdonas cuando te hieren y confiesas tus pecados cuando necesitas hacerlo...

Si van resolviendo juntos los problemas, en vez de dejar que se amontonen...

Si te tragas tu orgullo y consigues una consejería centrada en Cristo cuando la necesites...

Si te rodeas de amigos sabios y piadosos...

Si buscas ayuda, en vez de tratar siempre de resolver las cosas tú mismo...

Si aceptas que a veces vas a sufrir reveses, pero te niegas a permitir que esos reveses te detengan...

Si aceptas que tu matrimonio no es un contrato, sino un pacto ante un Dios Santo...

Entonces Dios honrará tu compromiso y tu esfuerzo. Edificarás un testimonio. Tendrás la posibilidad de recordar el momento en el que todo cambió para ti. Les podrás hablar a los demás de lo distante que estaban ustedes el uno del otro y ambos de Dios, pero ahora él los ha acercado a sí mismo y el uno al otro.

174

Si has sido egoísta y resentido, Dios te va a cambiar el corazón. Si no has sido el esposo que habrías podido ser, Dios te podrá transformar en un hombre según su propio corazón. Si no has sido la esposa que tenías la esperanza de ser, por el poder de su Santo Espíritu te podrás convertir en una poderosa mujer de Dios, agradecida y asombrada ante la vida con la cual él te ha bendecido.

Tus amigos no te mirarán como antes. Envidiarán lo que tienen y lo querrán tener también. Vas a ser un inconmovible modelo de integridad. Las personas con las que trabajas podrán ver que no eres el de antes; no eres como eras antes, ni tampoco eres como ninguno de ellos. Tus hijos se sentirán orgullosos de ti. Te admirarán y valorarán tus sabios consejos. Así edificarás un legado que honre a Dios y dure por generaciones.

Todo comienza ahora.

Todo comienza hoy.

Decide.

No importa lo que haya pasado tiempo atrás, desde hoy en adelante, vas a:

Buscar a Dios.

Pelear limpio.

Divertirse.

Mantenerse puros.

Y *nunca* tirar la toalla.

EL PUNTO DE VISTA DE AMY

Craig te ha hablado tanto en cuanto a nunca tirar la toalla, que tengo la esperanza de que te lo estés tomando realmente en serio. La mejor manera de que tu matrimonio funcione es que estén realmente comprometidos el uno con el otro. Tiempo atrás, al principio de nuestro matrimonio, recuerdo que Craig y yo encontramos una cita de los consejos de la columnista Ann Landers, que ha significado mucho para nosotros. Decía: «Descuiden al mundo entero antes que uno al otro». ¡Qué consejo tan fantástico!

Es esencial que pasen momentos juntos. Esfuércense por ir los dos en la misma dirección. Los alejamientos en las relaciones se producen si no nos comprometemos a crear la costumbre de compartir nuestra vida como pareja. Ya sé que no pueden estar juntos las veinticuatro horas del día. Todos estamos atascados de trabajo y preocupados con las interminables exigencias de la vida. Pero hagan lo que sea necesario para mantenerse en contacto y de acuerdo todos los días. El descuido no forma parte de un matrimonio saludable. No permitas que las distracciones te lleven a abandonar la comunicación con tu pareja. Pídele a Dios que te muestre formas de asegurarla. Busca primero a Dios y haz de tu pareja tu relación humana prioritaria.

Una cosa que le recomiendo a la gente que haga, y que yo misma trato sinceramente de hacerlo en verdad y de manera diligente a favor de Craig, es orar a diario por su cónyuge.

Además de lo que es evidente (que le estás pidiendo a Dios que obre a través de la vida de tu pareja), el hecho de pensar en ella de esta forma te ayuda a mantenerte a su lado. Si tu relación matrimonial se ha ido desviando al punto en que sientes que tu pareja es tu enemigo, es más necesario aún que ores por ella. Jesús nos dice en Lucas 6.28 que debemos bendecir a los que nos maldicen, y orar por los que nos maltratan. Orar por tu cónyuge es lo mejor que puedes hacer.

Para nuestro corazón también es esencial que nos conectemos con Dios en oración. El orgullo es un gigantesco vicio en el matrimonio. Muchas veces, lo que nos falta en nuestras relaciones es humildad. Yo me puedo obsesionar demasiado con el deseo de estar en lo cierto. Pero el orgullo es la muerte de la intimidad. Solo cuando me humillo y busco la paz, puede crecer un afecto entrañable. Necesito mantenerme ofreciéndole humildemente a Craig la misma gracia y la misma misericordia que Dios ha derramado tan abundantemente sobre mí.

Jesús nos dijo en Mateo 19.26 que para Dios, todo es posible. Aférrate a esta verdad y trata de buscar la manera de orar humildemente por tu pareja. Nunca tires la toalla con respecto a lo que Dios es capaz de hacer en tu matrimonio.

Nunca.

HASTA QUE LA MUERTE LOS SEPARE

Mis buenas intenciones no siempre se convierten en buenas acciones, así que te quiero dar las gracias por haber terminado de leer este libro. No soy capaz de decirte cuántos libros comienzo a leer, pero dejo sin terminar. El hecho de que hayas leído hasta el fin demuestra que te interesa realmente honrar a Dios y tener un matrimonio que perdure. Oro para que te sientas animado con lo que has leído.

Cuando reflexiono sobre mi pasado, mis errores y mis pecados, tengo que admitir que no me merezco en absoluto un buen matrimonio que honre a Dios. (Amy te podría decir lo mismo acerca de ella.) Antes de ser cristiano, yo engañaba a todas las novias que tenía, sin faltar una. Amy es la única mujer a la que he sido fiel en toda mi vida. Es más, siendo incluso cristiano joven, me preguntaba si tendría lo que se necesita para ser un esposo piadoso y fiel. Y lo cierto es que no lo tengo. Eso sigue siendo cierto hoy. En realidad, no tengo lo que hace falta para lograrlo. Por eso me encantan esas palabras que dicen la mayoría de las parejas en sus votos matrimoniales: «Prometo serle fiel a mi esposa hasta que la muerte nos separe *y que Dios me ayude*».

Necesito a Dios para poder amar de manera incondicionalmente a otra persona. Necesito su ayuda para pasar por alto las ofensas. Necesito su ayuda para protegerme de todas las tentaciones que andan rondando por todas las esquinas. Necesito su ayuda para parecerme más a Cristo y dar mi vida por Amy. Sin él, nuestro matrimonio no tendría nada de especial. Lo más probable habría sido que terminara mal, como les pasa a tanto. Pero al hacer de él nuestro Uno, él nos hace uno. Y nadie puede desunir lo que Dios ha hecho uno.

Esto mismo puede ser cierto para ti. Puedes tener el matrimonio que Dios quiere que tengas. Pero no lo puedes tener sin su ayuda.

Haya pasado lo que haya pasado en tu vida, estás en un nuevo día. Una nueva oportunidad. Un nuevo comienzo.

Desde ahora en adelante, las cosas pueden ser diferentes.

Desde ahora en adelante, pueden hallar sanidad.

Desde ahora en adelante, pueden tener una intimidad mayor.

Desde ahora en adelante, pueden perdonar de verdad, así como ustedes también han sido perdonados.

Desde ahora en adelante, puedes estar más cerca que nunca de tu pareja.

Solo recuerda una cosa: el pasado es pasado. No lo puedes cambiar. Pero Dios sí puede cambiar tu futuro. Él puede tomar lo que el enemigo quería que fuera para mal y usarlo para bien.

Lo que habría podido destruir tu matrimonio, Dios lo puede usar para hacerlos más fuertes, más cercanos y darles una unión mutua indestructible.

Tal vez te parezca que tienes mucho que superar. No es así. Tal vez te parezca que los daños son ya demasiado grandes para poderlos reparar. No lo son.

Tal vez pienses que no tienes lo que hace falta para seguir adelante. No, no lo tienes. Pero Dios sí.

No permitas que esto se vuelva complicado. No tiene por qué serlo. Mantén tu matrimonio sencillo, enfocado y centrado en Cristo.

Haya pasado lo que haya pasado antes, busca al Uno junto con tu dos. Él es tu fuente. Tu fortaleza. El que te sostiene.

Vas a pelear limpio. No vas a pelear *para* conseguir la victoria; vas a pelear *a partir* de la victoria que Dios te ha dado. Juntos, van a hallar la solución. Y sus diferencias no los dividirán, sino que los fortalecerán.

Van a disfrutar el uno del otro como lo hicieron en el pasado, divirtiéndose de la manera que Dios quiso. Cara a cara. Uno junto al otro. Ombligo con ombligo.

Van a rechazar los venenos de la impureza y se van a mantener puros. Han decidido que ni siquiera un instante de impureza vale la pena. Ni una pizca.

Y puesto que Dios nunca tiró la toalla con ustedes, tampoco ustedes nunca van a tirar la toalla con respecto a su matrimonio.

Desde ahora en adelante.

Reconocimientos

Queremos expresar nuestra más profunda gratitud a todos nuestros amigos que nos ayudaron a convertir este libro en una realidad.

Dudley Delffs. Es una bendición llevar adelante cualquier proyecto contigo. No solo eres un editor excelente, sino que eres siempre un gran amigo.

David Morris, Tom Dean, John Raymond, Brian Phipps y todo el equipo de Zondervan. Los anhelos de sus corazones de honrar a Cristo con la palabra escrita es la razón por la que más nos encanta asociarnos con ustedes.

Tom Winters. Gracias por creer en nosotros y por ser una parte valiosa de la familia de nuestra iglesia.

Brannon Golden. Todos los proyectos que hemos realizado son mejores, gracias a ti. Dios te ha dado un don maravilloso. Gracias por compartirlo con nosotros.

Lori Tapp, Adrianne Manning, Stephanie Pok. Ustedes son el mejor equipo de apoyo del mundo. Las amamos y le damos gracias a Dios por ustedes.

Catie, Mandy, Anna, Sam, Stephen, Joy. No podríamos estar más orgullosos de la pasión que ustedes sienten por servir a Cristo. Le damos gracias a Dios por cada día que hemos pasado con ustedes.

Pela
Las claves para ganar las batallas que importan

Craig Groeschel

Autor y pastor Craig Groeschel te ayuda a descubrir quién eres tú en realidad, un hombre poderoso con corazón de guerrero. Con la ayuda de Dios, encontrarás la fortaleza necesaria para pelear las batallas que sabes que necesitas pelear, aquellas que determinan el estado de tu corazón, la calidad de tu matrimonio y la salud espiritual de tu familia.

Craig examina la vida de Sansón, un hombre fuerte con notorias deficiencias. Al igual que muchos hombres, Sansón burlaba de su enemigo y racionalizaba sus pecados. La buena noticia es que la gracia de Dios es mayor que tu peor pecado. Al mirar su vida, aprenderás cómo derrotar a los demonios que hacen débiles a los hombres fuertes. Descrubrirás una fortaleza que nunca pensabas que fuera posible. Te convertirás en el hombre que Dios quería que fueras cuando te creó: un hombre que sabe pelear por lo que es correcto.

No solo pelea como un hombre.
Por amor de Dios... PELEA.

¡A tu disposición en las tiendas y en la Internet!

Desde ahora en adelante (Guía de estudio de cinco sesiones)

Cinco compromisos para proteger tu matrimonio

Craig y Amy Groeschel

Descubre una relación más rica, más profunda y más auténtica, y una vida amorosa más gratificante y apasionada.

Todo el mundo sueña con un matrimonio salido de un cuento de hadas: el cónyuge perfecto, el hogar perfecto, la familia perfecta. Pero la realidad nos demuestra que estas expectativas no se mantienen firmes por mucho tiempo. Muchos estudios indican que cerca del cincuenta por ciento de los matrimonios fracasan. Con esas probabilidades, ¿es incluso *posible* tener un buen matrimonio, y ni pensar siquiera en uno *magnífico*? Craig Groeschel, pastor y autor *best seller* del *New York Times*, insiste en que se puede... pero no si lo intentas como lo hace todo el mundo.

En esta guía de estudio para grupos pequeños, Craig y su esposa, Amy, muestran a parejas comprometidas y a matrimonios cómo conquistar las probabilidades en una cultura donde «Lo haré» no significa necesariamente para siempre, para que puedan encontrar el gozo, la pasión y la fuerza de un matrimonio edificado por Dios. En cinco sesiones, presentan los cinco compromisos que todos los cónyuges necesitan hacer con el fin de poder proteger su matrimonio de manera absoluta. A partir de ahora... desde ahora en adelante.

La guía de estudio incluye preguntas de discusión de video, investigación bíblica y materiales para el estudio personal y de reflexión entre las sesiones.

Títulos de las sesiones:

1. Buscar a Dios
2. Pelear limpio
3. Divertirse
4. Mantenerse puros
5. Nunca tirar la toalla

¡A tu disposición en las tiendas y en la Internet!

Ego en el altar
Cómo ser quien Dios dice que eres

Craig Groeschel

Tú NO eres quien crees ser. Es más, según el exitoso autor Craig Groeschel, necesitas tomar la idea que tienes acerca de tu propia identidad, ponerla sobre el altar y sacrificarla. Entregársela a Dios. Ofrécela.

¿Por qué? Porque tú eres quien DIOS dice que eres. Y mientras no hayas sacrificado tu quebrantado concepto sobre tu identidad, no te convertirás en aquel que estás destinado a ser.

Cuando ponemos en el altar de la verdad de Dios nuestras etiquetas falsas y nuestro autoengaño, descubrimos quiénes somos en realidad como hijos e hijas suyos. En vez de vivir a partir de un ego manipulado desde fuera y basado en la aprobación de los demás, aprendemos a vivir a partir de un ego en el «altar», la visión de Dios de aquel en quien nos estamos convirtiendo.

Descubre la manera de entregar tu ego quebrantado y desatar a tu ego en el altar para convertirte en un sacrificio vivo. Una vez que conozcamos nuestra verdadera identidad y comencemos a crecer en un carácter que nos asemeje a Cristo, podremos actuar de esa manera, con una conducta valiente, oraciones valientes, palabras valientes y obediencia valiente.

Ego en el altar revela lo que Dios dice sobre tu identidad y luego te llama a vivir a la altura de esa realidad.

Nos agradaría recibir noticias suyas.
Por favor, envíe sus comentarios sobre este libro
a la dirección que aparece a continuación.
Muchas gracias.

Vida@zondervan.com
www.editorialvida.com